멈추지 않는 열정으로 인류의 미래를 꿈꾸다

일론 머스크의
세상을 바꾸는 도전

일론 머스크의
세상을 바꾸는 도전

박신식 글 | 오승만 그림
처음 펴낸날 | 2016년 12월 10일
4쇄 펴낸날 | 2022년 3월 10일
펴낸이 | 박봉서
펴낸곳 | (주)크레용하우스
출판등록 | 제5-80호
주소 | 서울 광진구 천호대로 709-9
전화 | (02)3436-1711
팩스 | (02)3436-1410
홈페이지 | www.crayonhouse.co.kr
이메일 | crayon@crayonhouse.co.kr

글 ⓒ 박신식 2016
이 책에 실린 글과 그림은 무단 전재 및 무단 복제할 수 없습니다.

ISBN 978-89-5547-481-7 74810

이 도서의 국립중앙도서관 출판시도서목록(CIP)은 서지정보유통지원시스템 홈페이지(http://seoji.nl.go.kr)와
국가자료공동목록시스템(http://www.nl.go.kr/kolisnet)에서 이용하실 수 있습니다.(CIP제어번호: CIP2016028863)

멈추지 않는 열정으로 인류의 미래를 꿈꾸다

일론 머스크의
세상을 바꾸는 도전

박신식 글 | 오승만 그림

크레용하우스

■ 작가의 말

여러분의 미래를 상상하고 현실로 만드세요

마블 코믹스의 슈퍼 영웅 '아이언 맨'을 아나요? 그렇다면 '아이언 맨'의 실제 모델이 있다는 것도 알고 있나요? 바로 '일론 머스크'예요. 도대체 어떤 사람이기에 '아이언 맨'의 실제 모델이 되었을까요?

사람들은 일론 머스크에게 많은 수식어를 붙였어요.

'미래 설계자', '현실의 아이언 맨', '우리 시대의 에디슨', '지도에도 없는 길을 가는 사람', '미국 역사상 최고의 천재 사업가' 등.

일론 머스크의 목표는 전기 자동차, 태양광 발전 시스템, 수시로 우주를 왕복할 수 있는 로켓, 화성에 정착하는 것이에요. 사실 우주와 관련된 것은 영화로도 많이 나와 있고 여러분도 과학 상상화 그리기 대회를 통해 많이 생각해 본 것이지요.

이 모든 것은 이루지 않으면 헛된 상상이에요. 하지만 이룬다면 더 이상 상상이 아닌 현실이 되지요. 그 현실을 만들고 있는 사람이 바로 일론 머스크예요.

    일론 머스크는 자신의 상상을 어디까지 이루어 냈을까요? 그리고 그것을 이루기 위해 어떤 어려움을 겪었을까요? 일론 머스크가 꿈꾸는 상상의 끝은 어디일까요? 일론 머스크가 이루어 낸 현실은 우리에게 어떤 도움을 줄까요?

    일론 머스크는 알면 알수록 묘하게 빠져드는 사람이에요. 하지만 여러분에게 일론 머스크처럼 되라고 하는 건 아니에요. 다만 여러분도 일론 머스크의 삶을 통해 자신감, 열정, 희망 등을 배우길 바라는 거예요.

    이 책을 읽고 난 뒤 여러분의 미래를 상상해 보세요. 아직은 상상이지만 조금만 더 노력한다면 일론 머스크처럼 반드시 현실로 만들 수 있을 거예요.

2016년 가을
박신식

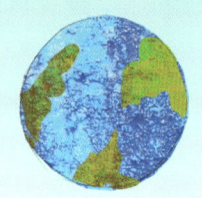

차 례

프롤로그: 제가 비정상일까요? 8

무엇이든 생각하는 대로 할 수 있다 12

좋아하는 일을 찾아라 21

자존감을 지켜라 27

더 넓은 무대를 경험하라 33

실패나 포기를 생각하지 마라 41

작은 성취라도 자신감을 얻어라 49

남들과 다르게 생각하라 56

가능성은 만들어 가는 것이다 65

할 수 있는 한 최선을 다하라   77

실패해도 꿈은 변하지 않는다   87

어려움을 극복할 능력은 내 안에 있다   95

꿈을 현실로 만들어라   105

도전하고 또 도전하라   113

눈앞의 이익보다 멀리 내다보라   121

미래는 상상하고 이루어 가는 것이다   129

에필로그: 성공의 지름길은 없다   136

프롤로그: 제가 비정상일까요?

아이폰과 아이패드를 만들어 유명한 스티브잡스와 비교되며 미래가 기대되는 인물이 있어요. 바로 일론 머스크예요. 여기 일론 머스크의 강의를 듣기 위해 많은 사람들이 모였어요.

일론이 강단에 서자 사람들은 멋진 강의를 기대하듯 큰 박수를 치며 환영했어요.

"여러분은 성공하고 싶은가요?"

일론의 질문에 많은 사람들이 당연한 것은 왜 묻냐는 듯 강하게 고개를 끄덕였어요.

"물론 저도 그랬습니다. 하지만 어느 순간 성공은 중요한 것이 아니라는 사실을 깨달았습니다. '나의 성공이 인류의 발전에 얼마나 영향을 끼칠 수 있을까?' 하는 질문을 스스로 해 보았지요. 그래서 대학원 박사 과정을 포기했습니다. 저는 하고 싶은 것이 있었거든요. 바로 인류에게 주어진 중요한 문제들을 해결하는 것입니다. 첫 번째는 인터넷 사업이었고 두 번째는 행성을 오가는 항공우주산업, 세 번째는 언젠가 고갈될 석유와 석탄 및 천연가스를 대체한 태양광 발전 사업입니다. 인터넷 사업인 집투(ZIP2), 엑스닷컴(X.com)과 페이팔(PayPal)은 초기에 어려움이 많았습니다. 하지만 새로운 시장을 개척한다는 즐거움을 주었고 도전 의식을 불러일으켰습니다. 스페이스 엑스(Space X), 테슬라 모터스(Tesla Motors), 솔라 시티(Solar City), 하이퍼루프 원(Hyperloop One) 등도 제가 꿈꾸는 미래를 위해 조금씩 발전시켜 나가고 있습니다. 하지만 이 모든 것은 인류를 화성에 정착시키는 제 마지막 꿈을 위한 징검다리일 뿐입니다. 저는 2018년부터 화성에 무인탐사선을 보낼 예정입니다. 사업이 계획대로 진행된다면 2024년에는 유인 우주선을 화성에 보낼 수 있을 것이고, 2025년이면 인류가 화성의 땅을 밟게 될 것입니다. 화성에서 제가 만든 전기 자동차를 타고 지구와 인터넷으로 교신하며 살게 되는 것이지요. 이런 저의 생각이 이상한가요? 여러분은 제가 비정상이라고 생각하나요?"

 일론의 질문이 끝나자 고개를 끄덕이는 사람은 아무도 없었지요.

무엇이든 생각하는 대로 할 수 있다

1971년 6월 28일, 일론 머스크는 남아프리카 공화국*의 수도인 프리토리아에서 엔지니어 아빠와 모델 엄마 사이에서 태어났어요. 1년 뒤 남동생 킴벌이 태어났고, 이어서 여동생 토스카도 태어났지요.

일론은 자랄 때 다른 아이들과 조금 달랐어요. 무슨 일을 하다가도 정신을 다른 곳에 팔 때가 많았지요.

1977년, 일론이 여섯 살 때였어요. 식구들과 수영장에

---

* 아프리카 남쪽 끝에 위치하고 있으며 서쪽으로는 대서양, 남동쪽으로는 인도양과 접해 있어요. 남아프리카 공화국의 수도는 행정 수도(프리토리아)와 입법 수도(케이프타운), 그리고 사법 수도(블룸폰테인)로 나뉘어져 있지요.

서 수영하고 있었지요. 그런데 일론이 갑자기 가만히 서서 멀뚱히 하늘을 올려다보았어요.

"일론, 뭐 하고 있니?"

옆에서 엄마가 말을 걸어도 일론은 듣지 못하는 것 같았어요. 동생 킴벌과 토스카가 깔깔거리며 물장구쳐도 눈 한 번 꿈쩍하지 않았지요.

"여보, 일론이 혹시 청각 장애가 있는 것은 아닐까요?"

엄마는 아빠에게 물었어요.

"아무래도 병원에 가 봐야 할 것 같군."

아빠도 걱정스러운 표정으로 일론을 바라보았지요. 그때 할머니가 일론에게 다가갔어요. 할머니는 일론의 어깨에 손을 얹고 같이 하늘을 쳐다보았지요.

"일론, 무슨 생각을 했니?"

"새로운 것을 만들기 위한 생각이요."

"새로운 거? 뭔데?"

할머니가 일론에게 물었지요.

"하늘을 날 수 있는 비행기요."

일론이 씩씩하게 대답했어요.

"그래? 머릿속으로 그게 만들어져?"

"네, 하지만 제가 그걸 진짜로 만들 수 있을지는 모르겠어요."

일론의 말에 할머니가 배시시 웃었어요.

"일론, 넌 분명 만들 수 있을 거야. 네 할아버지도 그랬으니까……."

할머니는 일론이 세 살 때 돌아가신 할아버지 이야기를 들려주었어요.

"너희 할아버지는 캐나다에서 의사와 정치인으로 활동했어. 하지만 모험을 좋아해서 모든 것을 버리고 비행기만 가진 채 이곳 아프리카에 왔단다. 그리고 비행기를 타다가 몇 번이나 숲을 고비를 넘겼는지 몰라. 항공 지도도 없이 비행기를 몰곤 했으니까 말이야. 그만큼 너희 할아버지는 탐험과 모험을 좋아했단다."

할머니는 일론에게 할아버지가 덤불숲을 헤치고 다니며 찍은 사진들도 보여 주었지요.

"비행기를 몰지 않을 때에는 아프리카 덤불숲을 헤치며 사막의 잃어버린 도시를 찾아다녔어. 한 번은 숲 한가운데

에서 트럭이 고장났지. 그래서 사흘 동안 아프리카 숲에 갇힌 적도 있었단다. 하이에나와 표범이 들끓는 위험한 곳에서 말이야.”

일론이 무서워서 몸을 움츠리자 할머니가 또다시 웃으며 말했어요.

"할아버지는 무엇이든 생각하는 대로 할 수 있다고 말하곤 했어. 너도 그렇게 될 테니까 할아버지 말을 믿어 보렴.”

할머니는 일론의 마음을 이해할 수 있다는 듯 일론의 머리를 쓰다듬어 주었어요.

'무엇이든 생각하는 대로 할 수 있다!'

일론은 할머니의 말을 되새기며 할머니 품으로 파고들었어요.

학교에 다니기 시작한 일론은 친구들과 어울리지 못하고 책만 읽었어요. 행동이 느리고 자꾸 딴생각을 했기 때문에 친구들이 잘 놀아 주지 않았지요. 늘 외톨이였던 일론은 수업이 끝나면 학교 도서관에 가서 책을 읽곤 했어요.

일론이 여덟 살 때였어요. 식구들과 함께 물건을 사러 갔지요. 그런데 일론이 어디론가 사라져 보이지 않았어요.

"엄마, 형이 보이지 않아요."

킴벌이 말했어요.

하지만 엄마는 걱정하기는커녕 알았다는 듯 고개를 끄덕이더니 계속 돌아다녔지요. 물건들을 산 엄마는 근처에 있는 서점으로 갔어요. 일론이 서점 구석에 쪼그려 앉아 정신없이 책을 읽고 있었지요.

"일론, 이제 그만 집에 가야지?"

엄마가 다가가서 말했어요. 하지만 일론은 듣지 못한 듯 책장만 넘겼지요. 엄마는 일론의 팔을 붙잡아 일으켰어요. 그제야 일론은 엄마를 바라보았지요.

일론은 매일 학교 도서관에 갔어요. 도서관에 있는 책들을 모조리 읽었지요. 더 이상 읽을 책이 없자 학교 수업이 끝나면 근처 서점에 갔어요. 부모님이 퇴근해서 데리러 올 때까지 서점에서 책을 읽곤 했어요.

"일론, 서점은 도서관이 아니란다. 책을 사지 않고 읽기만 하면……."

서점 주인은 일론을 못마땅해하며 말했어요.

"학교 도서관에 있는 책들은 다 읽어서……."

"알았으니까 오늘은 집에 그만 가렴. 그리고 그렇게 새 책을 읽고 싶으면 학교 도서관에 가서 사서에게 새 책을 사 달라고 이야기해 봐."

"이야기하면 책을 사 줄까요?"

서점 주인이 고개를 끄덕이자 일론은 밝은 얼굴로 서점에서 나왔어요. 다음 날, 일론은 학교 도서관에 갔어요. 사서에게 새로운 책을 사 달라고 말했어요.

얼마 후 학교 도서관에 새 책이 들어왔지요. 두꺼운 브리태니커 백과사전이었어요. 다른 아이들은 백과사전에 손도 대지 않았지요. 분량도 많고 어려운 내용도 많았기 때문이지요. 하지만 일론은 백과사전을 훑어보더니 금세 눈이 휘둥그레졌어요.

'내가 모르는 게 이렇게 많았다니……'

일론은 바로 학교 도서관에 앉아 백과사전에 흠뻑 빠져들었어요.

"일론, 백과사전이 그렇게 재미있니?"

사서는 어려운 백과사전을 열심히 읽는 일론이 신기한 듯 물었어요.

"네, 재미있어요. 저는 그동안 제가 무엇을 알고 무엇을 모르는지 몰랐어요. 그런데 이 백과사전에는 제가 모르는 것이 가득해요. 하나씩 알아 가는 재미도 있고 정말 신기한 게 많아요."

일론은 한동안 3만 3천 쪽이나 되는 브리태니커 백과사전을 읽고 또 읽었어요. 덕분에 일론은 아는 것이 더 많아졌지요.

어느 날, 식구들과 함께 저녁을 먹을 때였어요. 창밖으로 커다란 보름달이 떠 있었어요.

"오늘따라 달이 엄청 커 보이네. 그런데 달까지는 얼마나 멀까?"

일론의 여동생 토스카가 중얼거리듯 말했어요. 그러자 일론이 살며시 웃으며 대답했지요.

"토스카, 달은 지구 주위를 타원 모양으로 돌아. 그래서 달이 지구에 가까울 때도 있고 멀 때도 있어. 가장 가까울 때 거리는 약 36만 3천 1백 킬로미터고 달이 지구와 가장 멀 때 거리는 40만 5천 6백 킬로미터야. 오늘은 달이 커 보이는 걸 보니 지구와 거리가 좀 가까운가 봐."

일론이 지구와 달 사이의 정확한 거리까지 말하자 식구들은 놀라서 입을 다물지 못했어요.

"대단한데? 앞으로 모르는 게 있으면 우리 집 만물박사에게 물어보면 되겠구나."

엄마가 일론을 칭찬했어요.

"그럼 앞으로 형을 책벌레라고 부르지 말고 천재라고 불러야 하는 건가?"

킴벌의 말에 식구들 모두 웃었지요.

좋아하는 일을 찾아라

　일론이 아홉 살 때 엄마 아빠가 이혼했어요. 일론은 처음 2년 정도는 엄마와 살았어요. 그러고 나서 아빠와 함께 살게 되었지요. 동생 킴벌도 말이에요.
　일론의 아빠는 자기 뜻을 따르지 않으면 일론과 킴벌을 야단치곤 했어요. 그래서 일론과 킴벌은 아빠와 사이가 좋지 않았지요.
　"아빠의 모든 것이 마음에 들 수는 없잖아?"
　일론이 킴벌에게 말했어요.
　"맞아, 세상에 완벽한 아빠는 없을 거야."

킴벌도 맞장구쳤어요.

"그래, 아빠에게 야단맞는 건 싫지만 내가 원하는 책을 마음대로 볼 수 있고, 여행도 자주 가고, 사고 싶은 것도 살 수 있으니까……."

일론과 킴벌은 아빠와 사는 게 점점 좋아졌어요.

일론이 열한 살 때였어요. 아버지를 따라 요하네스버그에 갔어요. 일론은 전자 제품 가게에서 처음으로 컴퓨터를 보았어요. 컴퓨터를 본 순간 눈을 떼지 못했지요.

"컴퓨터만 있으면 원하는 프로그램을 만들 수 있단다."

"프로그램이라고요? 그럼 게임도 만들 수 있어요?"

컴퓨터를 파는 아저씨가 고개를 끄덕이자 일론은 온몸이 짜릿해졌어요. 일론은 아버지에게 컴퓨터를 사 달라고 졸랐지요.

"일론, 고작 게임이나 만드는 이런 기술은 진짜 기술이라고 할 수 없어. 결코 오래가지 못할 거야."

아빠는 엔지니어였지만 기계는 사람보다 못하다는 생각을 가지고 있었어요. 게다가 새로운 기술을 받아들이는 것을 매우 싫어했어요. 일론은 떼를 쓰다시피 막무가내로 아빠를 졸랐어요. 결국 아빠는 컴퓨터를 사 주고 말았지요.

컴퓨터를 파는 아저씨는 컴퓨터와 함께 베이직 프로그래밍 언어* 책도 주었어요.

"이걸 잘 공부하면 네가 원하는 게임을 만들 수 있을 거야. 배우는 데 보통 6개월 정도 걸리니까 포기하지 말고 공부해 보렴."

일론은 집에 도착하자마자 컴퓨터와 함께 가져온 책을 살펴봤어요.

'내가 원하는 프로그램을 만들 수 있다는 거지?'

일론은 밤새워 가며 베이직 프로그래밍 언어를 공부했어요. 한숨도 자지 않고 매달린 끝에 사흘 만에 공부를 마쳤지요.

"아빠, 컴퓨터는 정말 멋져요."

"브리태니커 백과사전보다 더?"

"그건 서로 좋은 점이……."

---

* 인간은 서로 소통하기 위해 언어를 사용해요. 이와 마찬가지로 컴퓨터와 소통하기 위해서도 언어가 필요하지요. 프로그래밍 언어란 컴퓨터 프로그램을 만들기 위한 언어예요. 베이직은 다양한 프로그래밍 언어 가운데 하나랍니다.

일론은 컴퓨터의 매력에 점점 더 빠져들었어요.

'나만의 게임을 만들 거야.'

일론은 공상 과학 소설을 읽으며 상상했던 것을 게임으로 만들기 시작했어요.

'외계인이 수소 폭탄과 스테이터스 빔*을 장착한 우주선을 타고 지구를 침략하는 거야. 그러면 인간이 외계인이 탄 우주선을 파괴하고 외계인을 물리치는 거지. 난 흥미진진한 게임을 만들고 싶어.'

일론은 화면을 선으로 나누고 애니메이션을 적절하게 활용한 게임을 만들었어요. 그리고 그 비디오 게임을 '블래스타(Blastar)'라고 이름 지었어요. 그때 일론은 고작 열두 살이었지요.

열세 살이 된 일론은 자기가 만든 블래스타를 〈PC와 사무 기술〉이라는 잡지사에 보냈어요. 잡지사에서는 일론이 만든 게임 명령어 167줄과 일종의 인터뷰를 잡지에 싣는 조건으로 500달러를 주겠다고 했지요.

---

* 스테이터스란 게임 캐릭터가 얻는 능력치를 말해요. 스테이터스 빔이란 그 능력치만큼의 빔을 쓰는 무기라고 할 수 있지요.

"저는 공상 과학 소설 작가와 프로그래머가 되고 싶습니다. 그리고 우주로 가는 꿈을 펼쳐 보고 싶습니다."

일론은 잡지사와의 인터뷰에서 당당하게 자신의 꿈을 이야기했어요.

자존감을 지켜라

일론은 아이들이 모르는 것을 나서서 발표하곤 했어요. 그래서 일론을 시기하고 미워하는 아이들이 많았어요.

"쟤 너무 잘난 체하지 않니?"

"그러게, 자기가 뭐 천재인 줄 알아."

"한 번만 더 아는 체하면 가만 두지 않을 거야."

일론은 일론대로 아이들을 이해할 수 없었어요.

"내가 아는 것을 솔직하게 말했을 뿐인데 왜 나를 미워할까?"

어느 날, 한 무리의 아이들이 일론에게 다가왔어요.

"일론, 네 성은 머스크*가 뭐니?"

"그러게, 머스크멜론도 아니고……."

"야, 과일 정도면 괜찮지. 사향노루처럼 너한테 사향 냄새 나는 거 아냐?"

아이들은 일론의 몸을 콕콕 찌르거나 코를 대고 킁킁거리며 깔깔거렸어요.

"뭐라고?"

일론이 발끈 화를 냈어요.

"어쭈! 잘하면 한 대 치겠다."

아이들이 비아냥거리며 말했어요. 그러고는 다짜고짜 일론을 밀어 넘어뜨리고 인정사정없이 발길질했어요. 일론은 떼굴떼굴 굴러가 옆구리를 움켜잡고 꺽꺽거렸지요. 너무 아파서 비명조차 지를 수 없었어요.

아이들은 거기서 멈추지 않았어요. 서로 돌아가며 일론의 머리를 때리고 발로 찼지요. 일론의 얼굴은 금세 피범벅이 되고 말았어요. 결국 일론은 몇 주 동안 병원에 입원

---

* 머스크(musk)라는 단어는 사향노루 수컷의 사향낭에서 얻어지는 가루나 사향 냄새를 내는 여러 가지 식물을 뜻하기도 해요.

해야 했지요.

"일론하고 어울리는 아이들은 가만두지 않겠어."

"일론하고 말도 하지 마!"

일론을 괴롭힌 아이들은 다른 아이들에게도 일론과 가까이하지 말라고 으름장을 놓았어요. 그래서 일론은 친구가 없었지요. 다른 학교로 전학을 가 보기도 했지만 어디에서나 늘 따돌림을 당했어요.

"따돌림 정도는 참을 수 있어. 아니, 이겨 낼 수 있어. 어른이 되면 내가 특별하다는 것을 다른 사람들에게 꼭 증명하고 말 거야."

일론은 괴롭힘당할 때마다 입술을 꼭 깨물었지요.

몇 년 뒤, 일론은 엄마 아빠의 집을 오가며 지냈어요. 하지만 어디에서든 혼자 책에 파묻혀 지내는 시간이 많았어요. 괴로운 현실에서 벗어날 수 있는 유일한 방법이었기 때문이에요.

일론은 현실에서 벗어나 마음껏 상상할 수 있는 공상 과학 소설을 즐겨 읽었어요. 특히 디글러스 애덤스의 코믹 공상 과학 소설인『은하수를 여행하는 히치하이커를 위한 안내서』라는 책에 푹 빠졌지요.

'우주에서 바라보면 지구는 작은 행성일 뿐이야. 그리고 사람은 꼭 지구에서만 살아야 하는 건가? 미래의 우리들에게 필요한 것은 무엇일까?'

일론은 책을 읽으며 자신과 인류의 미래에 대해 진지하게 생각했어요. 그리고 과학에 더욱 큰 관심을 갖게 되었지요.

고등학생이 된 일론은 따돌림을 당하고 싶지 않아 조용히 지내려고 노력했어요. 친구들이나 선생님의 눈에 띌 만한 행동은 하지 않았지요. 하지만 과학과 컴퓨터에 대한 관심은 감출 수 없었어요. 과학 시간에 에너지에 대해 토론할 때였지요.

"석탄이나 석유 같은 화석 연료는 만들어지는 데 수억 년이 걸리고 만들 수 있는 양도 한정되어 있습니다. 화석 연료는 미래의 에너지가 될 수 없습니다. 앞으로는 태양열로 에너지를 얻어야 합니다."

일론은 과학 시간이면 다른 학생들보다 더 강하게 자신

의 주장을 펼쳐 선생님과 아이들을 놀라게 했어요. 그리고 컴퓨터에도 남다른 재능을 보였지요.

어느 날, 일론의 성적표를 받은 엄마가 일론을 조용히 불렀어요.

"물리학과 수학, 컴퓨터는 최고 점수구나. 그런데 다른 과목은 낙제 점수야."

엄마가 걱정스러운 듯 말했어요.

"그게 뭐 어때서요. 제가 좋아하지 않는 과목은 좋은 점수를 받을 필요가 없잖아요. 그런 과목을 공부할 시간이 있으면 게임을 만들거나 책을 읽는 게 더 나아요."

일론은 아무렇지도 않게 말했지요. 하지만 엄마는 고개를 저었어요.

"일론, 다른 과목에서 낙제하면 다음 학년으로 올라갈 수 없어. 넌 동생들과 학교를 다니고 싶은 거니?"

엄마의 말에 일론이 깜짝 놀라며 머리를 긁적거렸어요.

"아니요. 다음 학년으로 올라가려면 어느 과목도 낙제하지 말라는 거죠? 낙제하지 않을 정도로만 점수를 받으면 되겠네요."

일론의 말에 엄마는 못 말리겠다는 듯 웃었지요.

'도대체 내가 원하는 일을 하려면 학교를 언제까지 다녀야 하지?'

일론은 학교를 다니는 것이 자신에게 도움되지 않는 것 같았어요.

'이곳에는 나 같은 사람에게 기회가 없어. 마치 감옥에 갇혀 있는 것 같아. 여기를 벗어나 미국의 실리콘 밸리에 가는 거야. 컴퓨터와 기술에 일가견이 있는 사람들만 모이는 곳이니까 나도 뭔가 할 수 있을 거야. 그래, 고등학교를 졸업하면 미국으로 가서 살자. 그곳에서 내 꿈을 펼쳐 보는 거야.'

일론은 자신의 꿈을 실현할 가능성이 가장 큰 부대로 떠나겠다고 마음먹었지요.

더 넓은 무대를 경험하라

1988년 6월, 열일곱 살이 된 일론은 부푼 꿈을 가지고 혼자 캐나다로 건너갔어요. 캐나다에서 미국 영주권을 따기 위해서였지요. 엄마는 반대하지 않았어요. 일론이 지금까지 얼마나 외롭고 힘든 시간을 보냈는지 잘 알기 때문이었지요.

막상 캐나다로 떠났지만 일론은 미리 계획을 세우지 못해 머물 곳이 없었어요. 일론은 우선 어머니의 사촌이 경영하는 농장으로 갔지요. 농장에서 톱으로 통나무를 베거나 농장 청소를 하는 등 농장일을 도왔어요. 하지만 하루 종일 일해도 1달러를 버는 게 고작이었지요.

'이렇게 적은 돈으로는 내가 원하는 건 아무것도 할 수 없어. 좀 힘들더라도 일당이 많은 일자리를 구해야 해.'

일론은 농장에서 나와 직업 소개소를 찾아가 새로운 일자리를 구하기도 했어요.

"일당이 많을수록 힘든 일이라는 것은 알지?"

직업 소개소 담당자가 일론에게 말했어요.

일론은 어렵게 시간당 18달러를 받을 수 있는 제재소의 보일러 청소 일을 시작했어요. 보일러 청소는 쉽지 않았어요. 위험 물질을 차단하는 두꺼운 옷을 입고 몸이 겨우 들어가는 비좁은 터널에서 일해야 했지요.

터널로 들어가면 보일러에서 뿜어져 나오는 뜨거운 김이 온몸을 감쌌어요. 일론은 보일러에서 모래와 송진이 섞인 톱밥을 삽으로 퍼내 외바퀴 수레에 담은 뒤 밖으로 싣고 나와 버려야 했지요.

터널 안은 너무 뜨거워서 30분 이상 있을 수 없었어요. 숨이 막혀 죽을 것 같았어요. 처음에는 30명이 일을 시작했어요. 하지만 1주일 후에는 단지 3명만 남았지요.

'여기서 오래 일할 수는 없어. 하지만 내가 버틸 수 있을 때까지는 버텨 보자. 그래야 돈을 모아 내가 원하는 것을 할 수 있어.'

일론은 힘들었지만 짧은 시간에 많은 돈을 벌 수 있었기 때문에 꾹 참고 일했어요. 그러던 중 일론에게 좋은 소식이 들렸어요. 엄마와 두 동생이 캐나다로 온다는 소식이었지요. 일론은 그제야 가족과 함께 지낼 수 있게 되었어요.

1989년, 일론은 캐나다 온타리오 주 킹스턴에 있는 퀸스 대학교에 들어가기로 했어요.

'내가 원하는 것을 하기 위해서는 사업을 해야 해. 경영학 공부가 도움이 될 거야.'

일론은 퀸스 대학교에서 경영학을 공부했어요. 그리고 그곳에서 부인인 저스틴 윌슨을 만나게 되었지요.

"일론, 너는 왜 퀸스 대학에 왔어?"

"여기에 예쁜 여학생이 가장 많다던데? 너처럼 말이야."

"뭐라고? 넌 농담도 잘하는구나."

일론은 저스틴과 함께 즐겁게 학교에 다녔어요. 하지만

학비는 벌어야 했지요.

"컴퓨터가 필요하세요? 원하는 형태만 말하세요. 제가 싸게 조립해서 드릴게요."

"컴퓨터 부팅이 안 된다고요? 바이러스에 감염되었다고요? 제가 고쳐 드리지요."

일론은 학생들을 상대로 컴퓨터와 컴퓨터 부품을 팔거나 고쳐 주기 시작했어요. 컴퓨터에 대한 것이라면 무엇이든 해결할 수 있었지요.

"저스틴, 내가 원하는 일을 하기 위해서는 세상을 바라보는 넓은 시각이 필요해. 그리고 난 보다 큰 무대를 경험하고 싶어."

"그래서 어떻게 할 건데?"

저스틴이 물었어요.

"여기 캐나다 말고 미국으로 건너갈 거야. 두고 봐!"

일론은 저스틴에게 늘 미국처럼 넓은 무대에서 꿈을 펼치고 싶다고 이야기했어요.

일론은 대학 생활이 아주 마음에 들었어요. 그리고 공부를 하면 할수록 마음의 안정을 찾았지요. 강하게 주장을 해도 잘 들어 주는 학생들과 교수님, 밥을 먹다가도 경제학과 물리학 이야기를 하는 자유로운 분위기는 일론의 성장에 많은 영향을 끼쳤어요.

"이번 시험도 잘 봤다며? 넌 어떻게 한 번 꽂히면 아예 파묻혀서 공부를 하냐? 정말 대단해!"

"너 학교 연설 대회에 나간다며? 고등학교 때도 그런 대회에 나가 봤어?"

일론은 자신의 재능을 마음껏 드러내며 엉뚱하고 혼자만의 세계에 갇혀 있던 어린 시절에서 벗어났어요.

"일론, 너는 강의를 들으면서 뭐가 그렇게 궁금해? 질문이 끊이지 않던데?"

강의를 함께 듣던 친구가 일론에게 물었어요.

"나는 강의 내용을 완벽하게 알고 싶을 뿐이야. 궁금한 것을 해결하지 못하면 불안하거든!"

일론의 말에 그 친구는 고개를 끄덕였어요.

일론은 다른 학생들과의 경쟁에서 이기기 위해 노력했어요. 경쟁심 강한 성향이 점점 드러나기 시작했지요.

1992년, 일론은 미국 동부에 있는 펜실베이니아 주립대

에 장학생으로 편입하게 되었어요. 하늘을 날 듯 기뻤지요.

'이제 드디어 내가 꿈꾸는 미래로 향하는 문을 열 수 있게 되었어. 그곳에서는 물리학도 함께 공부할 거야. 물리학은 내 아이디어를 현실로 만드는 데 꼭 필요하니까.'

일론은 그동안 전공하던 경영학과 함께 물리학도 공부하기 시작했어요. 그리고 많은 사람들과 어울리기 시작했어요. 어렸을 때 따돌림당했던 것과는 달리 대학교에서는 일론의 말에 귀 기울여 주는 학생들이 많았지요.

어느 날, 일론은 사업 계획을 세워 보라는 과제를 받았어요.

'사업? 내가 할 수 있는 사업이란 무엇일까? 비디오 게임 사업을 할까? 아니야. 나뿐만 아니라 다른 모든 사람들에게 도움이 되는 일이어야 해. 그래, 태양열 발전에 관한 사업은 어떨까?'

일론은 태양열에 대해 연구하기 시작했어요. 그리고 '태양열 발전의 중요성'이라는 제목으로 태양열 에너지를 동력원으로 이용하는 방법에 대한 논문을 썼지요.

그 후, 일론은 미국 최고의 사립 대학 중 하나인 스탠퍼

드 대학교 재료 과학 공학과 대학원 과정에 지원해 합격했어요. 공부를 계속하면 박사 학위까지 받을 수 있게 된 것이지요. 하지만 일론은 고민했어요.

'공부를 계속해야 하는 걸까? 아니면 사업을 하는 게 나을까?'

실패나 포기를 생각하지 마라

　1994년, 일론과 킴벌은 자동차로 미국을 횡단했어요. 미국이 워낙 넓어서 차를 타고 움직여도 한 달 정도 걸리는 쉽지 않은 여행이었지요. 미국 서부에 위치한 모하비 사막을 지날 때는 49도나 되는 더위 때문에 온몸이 땀범벅이 되기도 했어요.
　일론과 킴벌이 단순히 여행만 한 것은 아니에요. 여행하는 동안 앞으로 어떤 일을 해야 할지 서로 이야기를 나누기도 했지요.
　"킴벌, 요즘 인터넷이 발달하고 있는데 그길로 뭔가 할 수 있는 일이 없을까?"

"글쎄, 형 말대로 인터넷으로 사업을 할 수 있다면 좋을 텐데⋯⋯."

"의사들을 상대로 온라인 네트워크를 만들어 보는 것은 어떨까? 서로 정보를 나누고 협력할 수 있는 시스템 말이야."

일론이 말했어요.

"좋긴 한데 의사들이 정보를 공유하려고 할까? 게다가 의사들을 모두 참여시키기도 어렵고⋯⋯."

"그래? 그럼 인터넷에 작은 기업이나 가게들을 소개하는 사이트를 만들면 어떨까?"

"기업을 소개한다고?"

킴벌이 눈을 동그랗게 뜨고 호기심에 가득 차 물어보니 일론이 신난 듯 말을 이었지요.

"작은 기업이나 가게들은 아직 인터넷을 어떻게 활용하는지 모르잖아? 인터넷에 사이트를 만들어 기업이나 가게 정보를 알리면 사람들이 그걸 보고 찾아와 돈을 벌 수도 있는데 말이야."

킴벌은 고개를 끄떡이며 일론의 말을 들었어요.

"기업도 좋고 음식점이나 옷가게 같은 작은 가게라도 인터넷에서 쉽게 검색할 수 있게 만드는 거야. 그리고 그 가게들을 인터넷 지도에 표시해서 어떻게 찾아가야 하는지 알려 주면 괜찮을 것 같은데……. 정리하자면 인터넷 지도에 가게 이름, 주소 등의 관련 정보를 넣은 안내 책자 같은 것이지."

"형, 그거 정말 좋은데? 하지만 형은 대학원 과정을 밟기로 했잖아. 공부를 끝내려면 한참 걸릴 텐데……."

킴벌의 말에 일론은 잠시 고민했어요.

"공부는 좀 나중에 하면 안 될까? 지금 이 아이디어를 놓치면 누군가에게 빼앗길 것 같거든. 어때, 우리 함께 인터넷을 정복해 볼까?"

일론의 말에 킴벌이 고개를 끄덕였어요.

1995년, 일론과 킴벌은 함께 사업을 시작했어요. 하지만 돈이 없어 아버지에게 2만 8천 달러를 투자받았어요. 그 돈으로 작은 사무실을 얻고 인터넷으로 기업 검색 서비스를 할 수 있도록 집투(Zip2)를 창업했지요.

집투에서 함께 일할 사람을 구합니다. 집투는 인터넷에서 검색할 수 있도록 사업체 목록을 만들고 여기에 지도를 결합해 사업체에 대한 유용한 정보를 제공하는 회사입니다. 인터넷 영업에 관심 있는 분은 연락 주세요!

일론과 킴벌은 지역 신문에 광고를 내서 직원들도 구했어요. 일론은 회사에서 프로그램 만드는 일을 담당했어요. 킴벌은 다른 직원들과 함께 사업체를 직접 방문해서 영업하기 시작했지요.

"이제 인터넷을 통해 사업체를 알리는 시대가 왔습니다. 집투를 통해 사업체를 알리세요. 많은 사람들이 인터넷을 보고 당신의 가게를 찾아올 거예요."

킴벌은 음식점, 옷 가게, 미용실 등을 돌아다니며 인터넷에 사업체가 검색되면 어떤 이익을 얻을 수 있는지 설명하면서 집투에 가입하도록 설득했지요.

"인터넷을 보고 여길 찾아온다고? 나도 인터넷을 안 하는데 누가 그걸 보겠어?"

"인터넷으로 광고하라니 어리석은 짓이야. 쓸데없는 걸

로 귀찮게 하지 마."

당시 사람들은 인터넷에 대해 잘 알지 못했어요. 그래서 인터넷 광고가 돈이 될 거라고 생각하지 못했지요. 킴벌과 영업 사원들이 하루 종일 돌아다녀도 집투에 가입하겠다는 사업체를 하나도 구하지 못했어요.

처음에는 이익이 많이 생기지 않았어요. 일론과 킴벌은 돈을 아끼기 위해 사무실에서 먹고 자야 했지요. 몇 달이 지나자 집투에 가입하는 사업체가 하나둘 늘어나기 시작했어요. 그제야 집투는 조금씩 안정을 찾기 시작했지요. 하지만 일론은 회사의 발전 속도가 너무 느리다는 생각이 들었어요.

'아무래도 이렇게 해서 성공하기에는 시간이 너무 오래 걸리겠어. 투자가들에게 투자를 받아 직원도 많이 늘리고 가입하는 사업체도 더 많이 구해야 할 것 같아.'

일론은 집투에 투자할 만한 투자가들을 직접 찾아다녔어요. 그리고 회사에 방문해서 살펴보라고 설득했지요.

어느 날 일론은 직원들에게 말했어요.

"여러분, 오늘 중요한 투자가가 우리 회사를 방문할 기

예요. 그러니까 모두 전화기를 들고 활기 넘치게 바쁜 척 하세요. 알았지요?"

직원들이 재미있다는 듯 웃자 일론이 말을 이었어요.

"거짓말을 하라는 게 아니에요. 우리 사업이 그만큼 자신 있다는 것을 보여 주자는 것이지요."

그제야 직원들은 일론의 말에 박수를 치며 일론이 시키는 대로 하겠다고 했어요.

"머스크 씨, 당신은 이 사업이 성공할 수 있다고 정말 확신하십니까?"

회사에 찾아온 투자가들이 일론에게 물었어요.

"네, 저는 실패나 포기라는 것을 생각해 본 적이 없습니다. 죽기를 각오하고 이 일에 매달리고 있습니다."

일론의 자신 있는 모습에 몇몇 투자가들이 조금씩 투자하기 시작했어요. 1996년, 벤처 투자 회사인 무어 데이비도우 벤처스에서 일론을 찾아왔어요.

"머스크 씨, 우리 회사에서 당신 회사에 300만 달러를 투자하겠소."

일론은 깜짝 놀랐지만 당황한 표정을 보이지 않았어요.

그리고 말했지요.

"잘 결정하셨습니다. 반드시 몇 배의 이익이 나도록 열심히 일하겠습니다."

일론은 많은 투자금을 바탕으로 집투의 서비스 범위를 전국으로 확대했어요.

작은 성취라도 자신감을 얻어라

직원들도 많아지고 회사 규모가 점점 커지자 일론은 조금 두려워졌어요.

"킴벌, 회사가 커지니까 조금 걱정돼. 이러다가 잘못되면 어떡하지?"

"걱정 마, 형은 잘할 수 있을 거야."

"난 지금까지 한 번도 팀을 이끌어 본 적이 없어. 운동할 때조차도 주장을 해 본 적이 없는걸. 게다가 우리는 너무 젊어. 지금 우리가 회사를 경영하기에는 벅찬 게 사실이야. 회사를 제대로 경영할 수 있는 전문 기업인을 영입하는 건 어떨까?"

킴벌은 일론의 말에 일리가 있다고 여겼어요.

얼마 후, 일론은 회사 발전을 위해 리치 소킨이라는 사업가를 회사의 최고 경영자(CEO)로 영입했어요. 최고 경영자란 회사의 가장 높은 위치에 있으며 회사의 모든 일을 결정하고, 경영을 책임지는 사람이지요.

리치 소킨은 집투에 들어오자마자 똑똑한 엔지니어들을 회사로 끌어들였어요. 그리고 제대로 된 소프트웨어를 만들었지요.

"소킨 씨, 신문사와 함께 일할 수 있다면 어떨까요? 신문 내용을 우리가 거래하는 사업체에 전달할 수도 있고, 반대로 우리가 거래하는 사업체 정보를 신문사에서 쓸 수도 있다면 서로에게 많은 도움이 될 것 같은데……."

"그거 좋은 생각이군요."

일론의 말에 리치 소킨은 〈뉴욕 타임즈〉, 〈시카고 트리뷴〉 등의 신문사와 함께 일하는 데 성공했어요. 그렇게 집투의 사업은 점점 더 크게 발전했지요. 그러자 집투처럼 지도 서비스와 함께 부동산이나 자동차에 관련된 정보를 전달하는 새로운 기업들이 점점 생겨났어요.

1998년, 집투의 최고 경영자인 리치 소킨은 경쟁사인 시티서치와 합병한다고 발표했어요. 하지만 일론은 반대했지요.

"합병이라니요. 말이 하나로 합치는 거지 집투를 통째로 시티서치에 넘기겠다는 거 아닙니까? 게다가 집투라는 이름을 버리고 시티서치로 바꾸겠다고요? 도대체 누가 만든 회사인데 마음대로 합병한다는 겁니까?"

일론은 자신을 따르는 직원들과 함께 합병을 거부하기 시작했어요.

"합병보다는 〈뉴욕 타임즈〉 같은 대형 고객을 보유하고 있으니 차라리 많은 돈을 받고 회사를 파는 게 더 나을지도 모릅니다."

일론은 집투에 투자한 이사들을 설득했어요. 결국 일론의 뜻대로 합병은 취소되었지요.

'지금 집투에는 다른 사람들의 돈이 너무 많이 들어와서 내 생각대로 회사를 이끌어 나갈 수가 없어. 내가 원한 건 이게 아니야.'

일론은 이제 자신이 최고 경영자가 되어 회사를 경영하고 싶었어요.

"소킨 씨를 내보내고 저를 최고 경영자로 임명해 주십시오. 이제는 잘할 수 있습니다."

하지만 이사회는 일론의 제안을 받아들이지 않았어요.

"머스크 씨의 실력은 인정하지만 경영에 대해서는 인정할 수 없어요. 특히 머스크 씨는 사람을 다룰 줄 몰라요."

"맞아요. 지난번에 부하 직원이 보도 자료에 철자를 틀리게 썼다고 해고해 버렸잖아요. 실수 한 번 한 것으로 '어떻게 그럴 수 있느냐?'고 핀잔을 주면서 말이에요. 꽤 실력 있는 사람이었는데 실력을 제대로 발휘하지도 못하고 회사를 떠났으니……."

"머스크 씨는 그 사람의 잘못을 바로잡았을지 모르지만 그 사람을 자기편으로 끌어들이진 못했어요."

"머스크 씨는 어떤 일을 하면 요구 사항이 지나치게 많아요. 아마 그 요구를 다 들어주려다가는 버틸 직원이 없을 거예요."

집투의 이사회는 일론이 최고 경영자로는 자질이 부족

하다고 판단했어요. 뿐만 아니라 사사건건 간섭하는 일론을 이사회 의장 자리에서 내쫓고 데릭 프라우디안을 새로운 최고 경영자로 임명했어요.

일론은 회사에서 영향력이 줄어들자 무척 속상했어요.

"내가 만든 회사인데 왜 내가 경영할 수 없는 거지?"

일론의 불만은 점점 더 커져 갔어요. 그러자 데릭 프라우디안이 일론을 찾아갔어요.

"머스크 씨, 당신의 마음을 이해할 수 있습니다. 하지만 지금 회사를 제대로 경영하지 않으면 회사는 손해를 보고 투자가들도 빠져나가요. 그렇지 않아도 경쟁 회사들이 많이 생겨서 힘든데……. 그러니 지금은 회사를 발전시키는 게 중요합니다. 회사 가치가 높아져 비싸게 회사를 팔 수 있게 된다면 당신은 또 다른 회사들을 만들 수 있을 테니까요."

일론은 데릭 프라우디안의 설득에 고개를 끄덕였어요. 데릭 프라우디안은 집투를 더욱 성장시켰지요.

다음 해인 1999년 2월, 컴퓨터를 만드는 회사인 컴팩에서 집투에 솔깃한 제안을 했어요.

"일론, 3억 7백만 달러를 줄 테니 집투를 우리 회사에 파시오."

컴팩의 제안은 일론뿐만 아니라 집투의 모든 사람들을 놀라게 했어요.

집투의 이사회는 흔쾌히 그 제안을 받아들였어요. 투자한 금액의 20배나 되는 돈을 받을 수 있게 되었으니까요. 일론은 2천 2백만 달러, 킴벌은 1천 5백만 달러를 받았어요. 일론은 스물여덟 살에 백만장자가 되었지요.

"형, 돈은 많이 벌었지만 조금 속상하지?"

킴벌이 일론에게 물었어요.

"아니야. 좋은 경험이었어. 내가 좋아하는 비디오 게임의 캐릭터처럼 나의 레벨이 올라간 것 같아. 이제 또 새로운 일을 시작할 거야. 이번에는 최고 경영자가 될 거야."

일론은 집투 경영을 통해 자신감을 얻게 되었지요.

남들과 다르게 생각하라

 일론은 집투가 팔릴 것이라는 사실을 알자마자 다음 사업은 무엇을 할 것인가 생각했어요.
 "킴벌, 인터넷 은행을 만들어 보면 어떨까? 인터넷이 있는데 은행에 직접 찾아가 업무를 보다니 구식이야. 앞으로는 은행 업무도 인터넷으로 할 수 있게 될 거야. 인터넷으로 책이나 물건을 살 수도 있고."
 일론의 말에 킴벌이 고개를 갸웃거렸어요.
 "글쎄. 호기심에 자기 신용 카드 번호를 인터넷에 입력할 수는 있겠지. 하지만 은행 계좌 번호를 의심 없이 인터넷에 입력할까? 만약 다른 사람이 알기라도 한다면 통장에 들어 있는 돈을 빼앗길 수도 있는데?"

킴벌은 상상하기도 싫다는 듯 몸을 바르르 떨었어요.

"그거야 다른 사람이 절대로 신용 카드 번호나 계좌 번호를 볼 수 없게 만들면 되지 않을까?"

"형, 그런 보안 시스템을 만들려면 시간이 엄청 오래 걸릴 거야."

킴벌은 부정적으로 생각하며 반대했어요. 하지만 일론의 생각은 변하지 않았지요.

'인터넷 은행을 만들면 많은 변화가 생길 거야. 그리고 나는 은행뿐만 아니라 보험 등 모든 금융 서비스를 인터넷으로 할 수 있게 만들 거야.'

일론은 대학에 다닐 때 은행에서 잠깐 근무한 적이 있었어요. 하지만 더 전문적인 정보를 얻기 위해 금융업을 연구하기 시작했어요. 그리고 자신과 뜻을 함께할 수 있는 사람을 찾았지요.

1999년 3월, 일론은 집투의 능력 있는 엔지니어 에드 호, 금융 전문가인 해리스 프릭커, 크리스토퍼 페인과 함께 온라인 금융 회사 엑스닷컴(X.com)을 만들었어요.

"난 엑스닷컴에 1천 2백만 달러를 투자하겠소."

일론은 집투에서 벌어들인 돈 대부분을 엑스닷컴에 투자하며 최대 주주가 되었어요. 그런데 일을 시작한 지 5개월 만에 일론과 해리스 프릭커 관계에 금이 가기 시작했어요. 해리스 프릭커는 일론의 일하는 방식이 마음에 들지 않았어요. 결국 일론은 해리스 프릭커와 크게 다투었어요.

"머스크 씨, 나에게 최고 경영자 자리를 주지 않으면 회사에서 직원을 모두 데리고 나가겠소."

"그렇게 하시죠."

해리스 프릭커의 말에 일론은 어이없다는 듯 웃으며 대답했어요. 결국 해리스 프릭커는 많은 직원을 데리고 회사를 나가 버렸어요. 남아 있는 직원은 얼마 되지 않았지만 일론은 조금도 신경 쓰지 않았어요.

"앞으로는 인터넷 은행의 시대가 될 것입니다. 저와 함께하실 분은 오세요."

일론은 자신과 함께 인터넷 은행을 만들어 갈 사람들을 다시 끌어 모았어요. 그리고 11월에 인터넷으로 현금 거래를 할 수 있는 세계 최초의 인터넷 은행을 만들었지요.

인터넷 은행에서는 입출금할 때 내야 하는 수수료를 낮추거나 없앴어요. 그리고 이메일 주소만 입력해도 다른 사람에게 돈을 보낼 수 있는 시스템을 갖추었지요.

"은행에서 돈을 찾아 송금하려면 번거로운데 인터넷으로 하니까 바로 되던데?"

"그러게 말이야. 마우스 클릭 몇 번 만에 내 통장에서 돈을 보내고 받을 수 있다니 신기하고 편리해."

엑스닷컴은 입소문을 타면서 두 달 만에 가입자가 20만 명을 넘어섰어요. 그러자 여기저기서 인터넷 은행을 만들었고, 경쟁 회사가 많아졌어요.

그 무렵 컴퓨터 프로그램을 잘 만들어 '코딩 천재'라고 불리던 맥스 레브친과 투자에 대성공을 거두던 피터 티엘이 만나 컨피니티라는 기업을 만들었어요. 그리고 엑스닷컴과 비슷한 인터넷 결제 서비스인 페이팔(PayPal)을 만들었어요.

"인터넷 은행은 크고 속도가 빠른 쪽이 이기는 거야."

"인터넷으로 돈이 오가는 거니까 보안이 아주 중요해.

절대로 경쟁 업체에 뒤지지 않겠어."

두 회사는 열띤 경쟁을 벌였어요. 서로 고객을 더 모으기 위해 광고도 많이 하고 해커들과 싸우느라 수백만 달러를 써야 했지요. 컨피니티는 페이팔이라는 인기 높은 상품을 가지고 있었지만 현금이 부족했어요. 하지만 엑스닷컴은 현금이 많았지요.

"우리 서로 경쟁하지 말고 협력하는 게 어떨까요?"

일론이 컨피니티에 제안했어요. 결국 2000년 3월, 엑스닷컴과 컨피니티는 합병하기로 했지요. 그리고 최대 주주인 일론이 최고 경영자의 자리에 앉았어요.

두 회사가 합병하자 고객의 수는 금세 1백만 명이 넘었어요. 하지만 두 회사는 일하는 방식이나 생각이 달라 함께 일하는 것이 쉽지만은 않았어요.

"리눅스* 같은 무료 공개된 운영 체제를 기반으로 삼아야 해요."

"아닙니다. 소비자에게 다가가려면 마이크로소프트의

---

* 컴퓨터 하드웨어를 제어하고 컴퓨터 사용을 편리하게 해주고 응용 프로그램 수행을 도와주며 사용자와 하드웨어 사이에서 역할을 하는 소프트웨어예요.

윈도우 운영 체제를 써야 해요."

"마이크로소프트는 소비자에게 너무 많은 부담을 주는 기업입니다."

두 회사의 직원들은 서로 싸우는 일이 많아졌어요. 결국 피터 티엘이 참지 못하고 회사를 그만두었지요. 그러자 맥스 레브친이 일론 몰래 부하 직원들을 불러 모았어요.

"가입자가 늘어나니까 1주일에 1회꼴로 서버 다운*이 됩니다. 게다가 해커들에게 사기를 당하면서 현금이 바닥났어요. 어떻게 하면 좋을까요?"

"일론 대신 투자가들을 끌어 모으는 데 최고의 능력을 지닌 피터 티엘을 최고 경영자로 앉히는 게 어떻습니까?"

직원들은 맥스 레브친의 말에 고개를 끄덕였어요.

2000년 9월, 일론은 바쁘게 생활하느라 미루었던 신혼여행을 떠났어요. 사실 일론과 저스틴은 2000년 1월에 결혼했지요. 그런데 비행기를 타고 행복한 꿈을 꾸며 신혼여행을 가는 도중 일론은 엄청난 소식을 들었어요.

---

* 주된 정보 제공이나 작업을 수행하는 컴퓨터 시스템에 문제가 생겨서 작동이 일시적으로 중단된 상태를 말해요.

"머스크 씨, 엑스닷컴의 이사회가 직원들의 건의를 받아 당신 대신 피터 티엘을 최고 경영자로 임명했습니다."

자신이 쫓겨났다는 갑작스러운 소식에 일론은 충격을 받아 한동안 아무 대꾸도 하지 못했어요. 하지만 곧 정신을 차렸어요. 일론은 신혼여행을 취소하고 회사로 돌아왔지요. 그리고 이사회에 강하게 항의했지만 결과는 되돌릴 수 없었어요.

'어떡하지? 제대로 된 인터넷 은행을 만들려면 해야 할 일이 너무 많은데……. 물론 피터도 잘할 수는 있겠지만……. 여기서 투자를 멈추고 떠나 버릴까?'

일론은 한참 동안 고민했어요. 결국 회사를 떠나지 않기로 했지요. 하지만 회사에서 일론의 영향력은 눈에 띄게 약해졌어요.

2001년 6월, 엑스닷컴은 공식적으로 회사 이름을 페이팔로 바꾸었어요. 그 소식을 들은 일론은 온몸에 힘이 쭉 빠졌지요.

'내가 쫓겨났다는 게 이제야 실감나는군. 이제 나는 무엇을 해야 할까? 인터넷 은행을 만드는 것보다 내가 해야

할 더 큰일이 있을까?'

 일론은 무심코 하늘을 바라보았어요. 그리고 어린 시절 꿈꿨던 로켓과 우주여행을 떠올렸지요. 순간 일론은 미소를 띠었어요. 그리고 책꽂이에서 로켓에 관한 낡은 책을 꺼내 들었지요.

가능성은 만들어 가는 것이다

일론은 어릴 때부터 꿈꾸던 것을 이루기 위해 준비하기 시작했어요. 먼저 우주 산업이 발달한 로스앤젤레스(LA)로 이사했지요. 그리고 우주 산업에 대해 잘 알고 있는 사람들을 만나기 시작했어요. 일론은 비영리 화성 연구 단체인 마스 소사이어티(Mars Society)의 회장 로버트 주브린을 만났어요.

"저희는 지금 화성과 비슷한 환경을 경험하기 위해 북극에 연구소를 세웠어요. 그리고 오랜 우주 여행이 인체에 어떤 영향을 미치는지 알아보기 위해 캡슐에 생쥐를 실어 지구 궤도를 돌게 하는 실험도 하고 있지요."

"그래요? 생쥐를 지구 궤도가 아닌 화성으로 보내는 것은 어떻습니까? 정신 나간 계획 같습니까?"

"그런 것은 아니지만 생쥐들이 지구로 돌아올 수 있을까요? 그럴 수 없다면 대부분의 사람들은 틀림없이 정신 나간 계획이라고 생각하겠지요. 그리고 생쥐들이 번식할 텐데……. 그러려면 치즈가 엄청나게 많이 필요할 것 같군요."

로버트 주브린은 일론의 말을 농담으로 받아들였어요. 하지만 일론은 장난삼아 한 말이 아니었지요. 일론은 화성 탐사에 대해 알아보기 위해 미국 항공 우주국(NASA, National Aeronautics and Space Administration)* 홈페이지에 들어갔어요. 하지만 일론이 찾으려는 자료는 없었지요.

'화성 탐사에 대한 계획이 전혀 없잖아! 이런 곳에서 화성 탐사를 하지 않는다면 어디에서 한단 말인가? 내가 홈

---

* 지구 대기 안팎의 우주 탐사 활동과 우주선에 관한 연구 및 개발을 위하여 1958년에 설립된 미국 정부 기관이에요.

페이지를 잘못 찾은 걸까?'

일론은 생각할수록 기막혔어요.

'어째서 화성 탐사 계획도 일정도 없는 걸까? 그래, 누구나 생각할 수 있지만 아무도 실현하려고 하지 못하는 길을 가 보는 거야.'

일론은 시간이 지날수록 우주 탐사가 자신의 삶에 주어진 사명임을 깨달았어요. 2001년, 일론은 '화성 이주 재단'을 세웠어요. 그리고 실력 있는 과학자들과 우주 산업 전문가들을 불렀지요.

"2천만 달러를 지원할 테니 기술적으로 실현 가능한 화성 탐사 계획을 세워 주십시오."

우주 전문가들은 우주에 관심을 갖고 많은 자금을 투자하는 일론을 환영했어요. 앞다투어 의견을 냈지요.

"혹시 '화성의 오아시스'라는 계획은 어떤가요? 로켓에 자동으로 작동하는 온실을 설치해 화성으로 쏘아 올리는 거예요. 화성에서 식물이 자라면 산수를 공급받을 수 있을 테니까요."

"좋습니다. 그러면 화성이 살기 힘든 곳이 아니라 살 수도 있는 곳이라고 생각하게 될 것 같군요."

한 과학자의 말에 일론이 고개를 끄덕였어요. 그런데 옆에 있던 일론의 대학 동창이자 가장 친한 친구였던 아데오 레시가 퉁명스럽게 말했어요.

"만약 화성에서 온실이 작동되지 않는다면 어떻게 될까? 우리 뜻과 달리 살기 힘든 곳이라는 것을 증명하는 셈이겠지? 그리고 로켓을 쏘아 올리려면 2천만 달러로는 어림도 없어. 2억 달러 이상은 필요하지."

아데오 레시는 일론을 도와주기는 했지만 가능하면 말리려는 입장이었어요. 하지만 일론은 화성에 식물을 기르자는 계획이 마음에 들었어요.

"앞으로 인류는 여러 행성에서 살 수 있어야 해. 그러니 화성에서 식물이 자랄 수 있도록 설계해 보자. 난 로켓을 알아볼 테니……."

그러자 아데오 레시가 고개를 설레설레 저었어요.

"일론, 이 동영상을 좀 봐."

아데오 레시는 일론에게 로켓이 폭발하는 장면이 담긴 동영상을 보여 주었어요.

"로켓이 폭발하면 어떻게 되겠어? 게다가 로켓에 사람이라도 타고 있다면? 네 환상 때문에 너는 가지고 있던 재산을 다 잃게 될 거야. 그러니까 여기서 멈추고 현실적인 선택을 하는 것이 어때? 일론, 너 앤드루 빌 알지?"

"당연히 알지. 세계에서 열 손가락 안에 드는 부동산 재벌이잖아."

"맞아. 그 사람도 우주를 탐사하겠다고 장담하면서 우주 산업에 수백만 달러를 투자했어. 하지만 얼마 전에 결국 포기하고 말았잖아."

아데오 레시의 말에도 일론의 생각은 전혀 변하지 않았어요. 일론은 로켓을 사기 위해 러시아를 여러 차례 방문했어요. 하지만 터무니없이 비싼 가격과 러시아인의 무례한 행동에 실망해 그냥 돌아오곤 했지요.

로켓을 구하기가 힘들어지자 일론은 고민했어요.

'로켓을 사기 힘들다면 직접 만드는 것은 어떨까? 비용이 많이 들까?'

일론은 우주 항공 산업과 물리학을 공부하며 과학자들의 도움을 받아 로켓 만드는 비용을 계산해 보았어요.

'작은 인공위성과 연구용 화물만 우주로 운반하는 데 큰 로켓은 필요 없어. 지금까지의 로켓은 너무 커. 로켓의 크기를 줄일 수 있다면 현재 들어가는 로켓 제작 비용의 10분의 1 가격으로도 로켓을 만들 수 있을 거야. 그래! 적은 비용으로 로켓을 만들어 우주 탐사 비용을 낮추는 거야.'

일론은 로켓 회사를 만들기로 결심했지요.

"일론, 모든 사람들이 실패했어. 너도 무모하게 도전하다가 실패할 거야."

아데오 레시를 비롯한 주위의 모든 사람이 말렸어요.

"위험하겠지. 하지만 난 성공할 수 있어. 그리고 어떤 문제를 풀기 시작할 때부터 가능하리라고는 생각하지 않아. 부딪쳐 보면 길이 열릴 거야. 가능성이란 처음부터 있는 것이 아니라 만들어 가는 것이니까."

일론의 결심은 누구도 막을 수 없었지요.

일론은 로켓을 만들기 위해 톰 뮬러를 찾아갔어요. 톰 뮬러는 로켓 분야의 권위자였지요.

"뮬러 씨, 작은 인공위성과 연구용 화물을 우주로 운반할 수 있는 소형 로켓을 만들려고 하는데 가능할까요?"

"소형이라고 말하는 걸 보니 발사 비용을 낮추겠다는 뜻이군요."

"맞습니다. 저는 기존 로켓 발사* 비용의 10분의 1만 들여서 로켓을 만들어 발사하려고 합니다. 그래야 로켓을 더 많이 발사할 수 있을 테니까요. 그러기 위해서는 당신이 꼭 필요합니다."

"허허허, 그런 터무니없는 생각을 하다니. 당신이 마음에 드는군요."

톰 뮬러는 일론의 제안을 받아들였어요.

2002년 6월, 일론은 '우주 탐험 기술(스페이스 익스플로레이션 테크놀로지스, Space Exploration Technologies)'이라는 회사를 만들었어요. 그런데 이름이 너무 길어서 간단하게 스페이스엑스라고 불렀지요. 그리고 일론은 스페이스엑스의 최고 경영자가 되었어요.

한편 2002년 7월, 이베이(Ebay)가 페이팔을 15억 달러

---

* 바람이 든 풍선을 놓을 때 바람이 나오는 반대 방향으로 풍선이 나아가는 것처럼 로켓은 연료를 폭발시켜서 만들어진 가스를 뿜어내어 그 반동으로 날아가는 비행체예요. 그래서 로켓의 연료는 부피가 작고 화력이 세야 해요. 로켓에 핵탄두 등 무기를 실으면 미사일이 되고, 인공위성 등 우주 비행체를 실어 쏘아 올리면 우주 발사체가 되지요.

에 사겠다고 했어요. 일론과 페이팔의 이사회는 흔쾌히 받아들였지요. 그로 인해 페이팔의 최대 주주였던 일론은 약 2억 5천만 달러를 받았어요. 세금을 내고도 1억 8천만 달러를 손에 넣었지요. 백만장자가 아니라 억만장자가 된 거예요.

'이 돈을 바탕으로 인류를 화성으로 보내겠다는 내 꿈을 반드시 이룰 거야.'

일론은 페이팔을 팔아서 생긴 돈을 스페이스엑스에 쏟아붓기 시작했어요.

"스페이스엑스는 로켓을 만들어 화물을 우주에 운반하는 회사입니다. 저희가 만들 로켓의 이름은 팰컨(Falcon)*입니다. 내년 2003년 8월까지 로켓을 만들고, 10월에 첫 발사를 실시하겠습니다. 지금은 250킬로그램의 화물을 우주에 발사하는 데 약 3천만 달러가 들지만 635킬로그램의 화물을 690만 달러에 우주로 보낼 수 있게 할 것입니다."

일론은 대중 앞에서 15개월 안에 로켓을 발사하겠다고

---

* 매를 뜻하는 단어로 영화 '스타워즈'에 나오는 소형 우주선 '밀레니엄 팰컨'에서 따왔어요. 영화 속에서 밀레니엄 팰컨은 은하계에서 가장 빠른 우주선이에요.

선언했어요. 일론의 자신 있는 말투에 사람들의 반응은 모두 제각각이었지요.

"제정신이 아니야. 현실성이 전혀 없어. 로켓을 만드는 데 돈이 얼마나 드는데……. 그러니까 정부에서 개발하는 거지. 개인이 만들 생각을 하다니. 성공할 수 없을 거야."

"갑자기 억만장자가 되더니 비싼 장난감이 필요했던 모양이지? 일론은 자기 재산을 줄이는 가장 빠른 방법을 택한 거야."

"그래도 재밌잖아? 괴짜이지만 유능한 사람인데……."

사람들은 일론을 비웃거나 괴짜로 보았어요. 언론도 일론의 계획에 차가운 반응을 보였지요. 민간인이 우주를 탐사한다는 것은 상상할 수 없기 때문이었어요. 하지만 일론은 그런 이야기를 귀담아듣지 않았지요.

일론은 이 분야의 가장 능력 있는 사람들을 불러 모았어요. 그들에게 최소한 2년 동안의 일자리를 보장하겠다고 약속했지요. 하지만 일론이 가진 돈으로는 로켓을 서너 번 정도 쏘아 올리는 실험밖에 할 수 없었어요.

톰 뮬러와 엔지니어들은 최소한의 돈으로 로켓을 만들

기 위해 노력했어요. 아침 8시부터 시작해서 하루에 12시간씩 일했지만 로켓을 만드는 일은 쉽지 않았지요. 일론도 엔지니어들과 함께 일했지만 자신이 약속한 날짜가 이미 지났다는 것을 깨달았어요.

"거봐, 못할 거라고 했지?"

"맞아. 이제 얼마 안 있으면 일론도 다른 사람들처럼 두 손 두 발 다 들고 포기할 거야."

일론은 주위의 비아냥거림에도 흔들리지 않았어요. 그리고 한편으로는 스페이스엑스의 직원들이 모두 열심히 일하고 있다는 것을 알리고 싶었지요.

"팰컨 1호의 모습을 공개하는 것은 어떨까요?"

일론이 직원들에게 물었어요.

"그건 쓸데없는 일입니다. 그렇게 한다고 해서 로켓이 빨리 만들어지는 것은 아니니까요."

"하지만 그렇게 하면 정부의 지원을 받을 수 있지 않을까요? 그리고 나는 스페이스엑스의 현신을 보여 주고 싶습니다. 누군가의 앞마당에 로켓을 갖다 놓으면 그 존재를 부정할 수는 없을 테니까요."

직원들이 말렸지만 일론은 늘 그랬던 것처럼 자신의 뜻을 밀고 나갔어요.

2003년 12월, 일론은 워싱턴에서 팰컨 1호의 시제품을 공개하는 행사를 가졌어요. 시제품이란 완전한 제품을 만들기 전에 시험 삼아 만들어 본 제품이지요.

"이것은 시작일 뿐입니다. 팰컨 1호와 더불어 팰컨 5호도 제작하고 있습니다. 팰컨 5호는 엔진이 5개이고 4천 2백 킬로그램의 화물을 지구 저궤도* 까지 운송할 수 있을 것입니다."

일론은 시제품 공개 행사를 통해 많은 사람들에게 믿음을 주고 싶기도 했지만 무엇보다 자신에게 다시 한 번 굳게 다짐하고 싶었지요.

---

* 지구 표면으로부터 2백~2천 킬로미터 고도의 궤도

할 수 있는 한 최선을 다하라

2003년 7월, 전자책 리더기 업체 '누모 미디어'를 창업해 큰 돈을 번 마틴 에버하드와 마크 타페닝 그리고 이안 라이트가 테슬라 모터스(Tesla Motors)를 만들었어요. 테슬라 모터스라는 이름은 물리학자이자 전기 공학자인 니콜라 테슬라(1856~1943)의 이름에서 유래했어요.

니콜라 테슬라는 교류 전류로 전기 시스템을 획기적으로 향상시킨 천재 과학자이며 에디슨에 버금가는 인물이지요. 교류 전류는 시간에 따라 전류의 크기와 방향이 주기적으로 변하는 것을 말해요.

노트북에 사용하는 리튬이온 배터리*를 이용해 전기 자동차를 만드는 회사였지요. 그들은 회사를 만들었지만 자금과 기술이 턱없이 부족했어요.

"전기 자동차를 만들려면 우선 커다란 공장이 있어야 하지 않을까?"

"전기 자동차를 대량 생산하려면 많은 자금과 기술이 필요한데……."

"자동차 회사에서 자동차 부품 전체를 만드는 건 아니야. 하청업체의 부품을 받아 최종 조립만 해서 파는 거지. 우리도 대기업이 거래하는 하청업체와 접촉하면 자동차 부품을 구할 수 있지 않을까?"

"그래도 다른 사람에게 보여 줄 수 있는 시제품을 만들려면 적어도 700만 달러가 필요한데……. 누가 도와주지 않는다면……."

"그러게, 완성된 제품이 있는 것도 아니고 완성해도 당

---

* 배터리(battery)는 전지라고 하며 물리 또는 화학 반응을 통해 전기 에너지를 공급하는 장치예요. 건전지, 수은 전지, 리튬 전지 등 충전이 되지 않는 전지를 1차 전지라 하고 휴대전화·노트북·전기차 등에 주로 사용되는 리튬이온 전지, 축전지 등 충전이 되는 전지를 2차 전지라고 하지요.

장 이익이 날 제품은 아니니까 말이야."

"일론 머스크는 어때? 지난번 마스 소사이어티에 가서 그 사람 말을 들어 보니 보통 사람과는 다른 생각을 하고 있던데……. 일론 머스크라면 수익과 상관없이 전기 자동차에 관심을 가질지 몰라."

"정말? 그런다면 좋겠는데……."

2004년 1월, 세 사람은 사업 계획을 들고 일론을 찾아갔어요.

"전기 자동차를 만들겠다고요? 지금의 배터리 기술로는 100퍼센트 전기 자동차를 만들기 힘들어 석유와 전기를 함께 쓰는 하이브리드 자동차를 만든다고 들었어요. 그런데 당신들은 어떤 계획을 가지고 있습니까?"

일론이 전기 자동차에 호기심을 가지며 물었어요.

"저희는 하이브리드 자동차에는 관심이 없습니다. 리튬 이온 배터리로만 달리는 순수 전기 자동차를 만들 겁니다."

"리튬이온 배터리로만 움직이는 자동차를 만든다고요? 저도 이제 석유를 사용하는 시대는 끝내야 한다고 생각해요. 우리 함께 환경 오염도 막고 사람들이 즐기며 탈 수 있는 전기 자동차를 만들어 봅시다."

일론은 테슬라 모터스에 선뜻 650만 달러를 투자했어요. 테슬라 모터스의 최대 주주이자 이사회 의장이 되었지요. 일론은 테슬라 모터스에 제프리 스트라우벨을 소개해 주었어요.

제프리 스트라우벨은 전기 자동차에 대해 지식과 열정이 많은 엔지니어였지요. 제프리 스트라우벨은 테슬라 모터스의 최고 기술 책임자가 되었어요.

"2년 뒤인 2006년에 테슬라 모터스에서 로드스터를 공개하겠습니다."

일론이 다짐하듯 말했어요.

로드스터는 지붕을 열고 닫을 수 있는 2인승 스포츠카로 자유로움을 느끼고 싶어 하는 운전자들에게 인기가 많은 차종이었어요.

"뭐라고? 2년 안에 차를 만들어 팔겠다고? 세계에서 2년 안에 자동차를 만든 회사는 없어. 게다가 전기 자동차를 2년 안에 만들겠다는 것은 무리지. 아마 테슬라 모터스는 금방 망할 거야."

회사 안에서도 2년 안에 전기 자동차를 만드는 것은 불가능하다고 여기는 사람들이 많았어요.

"당신 같은 사람들 때문에 2년이라고 말한 것입니다. 물건을 만들어야 할 사람이 '물건을 만들 수 있을까'라는 의문을 가지면 이미 실패한 거나 다름없어요. 그러니 여러분은 지금부터라도 전기 자동차를 만들 수 있다고 믿으며 온 힘을 다해야 합니다."

그제야 직원들은 일론의 말을 이해할 수 있었어요.

전기 자동차를 만드는 일은 착착 진행되었어요. 하지만 전기 자동차에는 심각한 문제점이 있었지요. 리튬이온 배터리가 쉽게 폭발한다는 점이었어요.

2005년 7월, 테슬라 모터스의 엔지니어들은 자동차에 들어갈 배터리 20개를 묶은 뒤 불을 붙여 보았어요. 배터리 뭉치가 불타며 로켓처럼 하늘로 치솟았지요. 그 모습에 모두 놀라고 말았어요.

"로드스터에는 7천 개나 되는 배터리가 들어가야 하는데 불이라도 붙으면……. 상상하기 싫지만 로드스터에 불이 난다면 정말 큰일인데?"

"사람들이 휘발유 자동차보다 훨씬 더 위험한 전기 자동차를 살까?"

모두들 상상하기 싫다는 듯 고개를 설레설레 저었어요.

"어떻게든 배터리에 불이 붙는 것을 막아 자동차가 폭발하지 않도록 해야 해."

"힘들게 개발한 전기 자동차에 배터리 문제가 있어선 안 돼!"

엔지니어들은 배터리 수천 개를 폭발시키는 실험을 하면서 무엇보다 배터리의 안전성을 높이기 위해 노력했어요. 그리고 여러 개의 배터리를 철저하게 분리하여 폭발하

지 않게 하는 기술을 개발했지요.

일론은 엔지니어들에게 로드스터에 대한 자신의 의견을 말했어요.

"디자인도 좋아야 하지만 임산부인 내 아내가 타더라도 편안하고 실용적이어야 합니다. 그리고 문에 손잡이를 없애요. 대신 전자 감지 장치를 달아서 손가락으로 건드리기만 해도 문이 열리게 해 주세요."

"머스크 씨, 그렇게 여러 가지 조건을 붙이다 보면 만드는 데 시간이 더 걸립니다."

엔지니어들은 불평했지만 일론은 자신의 뜻을 굽힐 생각이 없었지요.

"시키는 대로 하세요. 제 사전에 '안 된다'라는 단어는 없습니다. 여러분도 그런 마음을 가지세요."

일론이 으름장을 놓듯 말했어요.

"저런 폭군 같은 상사를 모시고 일하기는 참 어려워."

"맞아. 본인이야 모든 것이 완벽하고 싶겠지만 그 때문에 주변 사람들이 힘들어 한다는 것은 왜 모르는 걸까?"

"그러니까 많은 사람들이 떠나지. 그래도 난 카리스마

넘치는 머스크 씨에게 묘하게 끌리던데?"

"그래, 그러고 보면 머스크 씨보다 그 아래에서 버티는 우리가 더 대단하지 않아? 하하하!"

엔지니어들은 불평을 터뜨리며 웃어넘겼어요. 차마 일론 앞에서는 말할 수 없었지요.

그런데 자동차 회전 속도를 변환하는 변속기에도 문제가 생겼어요. 결국 그 문제까지 해결하느라 로드스터의 시제품 완성은 늦어지고 말았어요.

2006년 7월, 테슬라 모터스는 투자 설명회를 열며 로드스터 시제품을 선보였어요.

"로드스터는 약 4초 만에 시속 100킬로미터의 속도를 낼 수 있는 순수 전기 자동차입니다. 여러분이 로드스터를 만나는 순간 오늘날까지 존재한 전기 자동차는 모두 엉터리였다는 것을 알게 될 것입니다."

일론은 로드스터에 대해 설명하며 투자가들을 끌어모았어요. 투자 설명회에는 주지사 아놀드 슈워제네거, 전 디즈니 최고 경영자 마이클 아이스너 같은 유명 인사들도 참가해 로드스터를 타 보았어요. 그리고 30여 명이 1대당 9만 달러나 하는 로드스터를 사겠다고 미리 계약했지요.

"여러분, 테슬라 모터스는 이처럼 가장 빠르고 멋진 전기 자동차를 만들었습니다. 앞으로는 4명이 탈 수 있으며 값이 조금 싼 대중적인 제품을 만들도록 하겠습니다."

일론은 로드스터를 만들어 팔기도 전에 다음 자동차에 대한 계획을 언론에 알리며 자신감을 보였어요.

실패해도 꿈은 변하지 않는다

"2005년 11월 25일에 팰컨 1호를 발사하겠습니다."

일론은 2003년에 발사하겠다던 팰컨 1호를 2005년이 되어서야 발사하겠다고 발표했어요. 사람들은 남태평양의 웨이크 섬에 있는 발사대에 길이 29미터, 무게 39톤의 팰컨 1호가 모습을 드러내자 관심을 갖고 지켜보았지요.

하지만 팰컨 1호의 발사는 순조롭지 않았어요. 기상 악화로 하루가 연기되었는데 연료 탱크와 엔진에 문제가 생겨 아예 발사가 중단되었어요.

12월 19일에 다시 팰컨 1호를 발사대에 올렸지만 연료

탱크에 문제가 생겨 또 중단하고 말았어요. 결국 다음 해인 2006년 1월과 2월 중에 발사하겠다고 발표했지만 그마저도 실행하지 못했어요.

"일론 머스크는 매번 거짓말만 하는 양치기 소년 같아. 안 그래?"

사람들은 비아냥거리기 시작했어요. 하지만 일론에게 사람들의 따가운 시선은 문제되지 않았어요. 계속되는 발사 실패로 엔지니어들도 지치고 돈도 점점 바닥을 드러내기 시작했다는 것이 더 큰 문제였지요.

2006년 1월, 일론은 미국 항공 우주국에서 뜻밖의 좋은 소식을 전해 들었어요.

"머스크 씨, 미국 항공 우주국에서 계획한 '상업용 궤도 운송 서비스' 프로그램에 스페이스엑스가 선정되었습니다."

상업용 궤도 운송 서비스 프로그램이란 미국 항공 우주국이 역사상 처음으로 민간 회사에게 우주 로켓과 우주 비행체 개발을 맡기는 시도였지요. 우주 로켓은 지상에서 우주 공간까지 화물을 실어 나를 수 있는 운송 수단으로 우주 발사체라고도 해요. 그리고 우주 비행체는 인공위성, 무인 또는 유인 우주선, 우주 정거장 등 대기권 밖 우주에서도 비행할 수 있는 기기를 말하지요.

"그게 정말입니까? 우리 로켓을 이용하겠다는 고객이 생겼으니 이제 로켓 발사만 성공하면 되겠군요."

일론은 다시 힘을 얻기 시작했어요.

2006년 3월 24일, 팰컨 1호가 발사 준비를 했어요.

'이번에는 꼭 성공해야 하는데……. 만약 실패해서 미국 항공 우주국이 선정을 취소하기라도 한다면…….'

일론은 눈앞이 캄캄해지는 것 같았지요.

카운트다운이 시작되고 팰컨 1호가 발사되었어요. 그런데 25초가 지나자 로켓 엔진에 불이 붙더니 로켓이 균형을 잃고 미친 듯이 회전하며 추락했지요. 로켓 외벽에 붙어 있던 단열재 일부가 떨어져 나가 불이 붙은 것이었어요.

모든 사람들이 실망했지요. 하지만 일론은 실망하지 않았어요.

"로켓 발사가 한 번에 성공할 수 없다는 것은 저도 여러분도 알고 있습니다. 저희들은 어떤 어려움이 있더라도 이

사업을 반드시 성공시키겠습니다. 오늘은 비록 실패했지만 절대로 포기하지 않을 것입니다. 미래를 향한 저의 꿈은 변하지 않습니다."

일론의 말에 스페이스엑스 직원들은 다시 한 번 기운을 얻었어요. 일론은 우주 개발에 대한 목표를 더 높였어요.

"스페이스엑스는 팰컨 1호보다 훨씬 큰 팰컨 9호도 개발할 것입니다. 팰컨 9호는 엔진 9개를 달고 우주 비행체인 드래곤을 실어 국제 우주 정거장*으로 보낼 것입니다."

미국 항공 우주국과의 '상업용 궤도 운송 서비스' 계약에는 로켓뿐만 아니라 우주 비행체도 개발하도록 되어 있었기 때문이지요.

일론의 배짱 때문인지 스페이스엑스의 우주 로켓과 우주 비행체는 미국 항공 우주국의 안전 심사 위원회의 심사를 통과해 계약을 체결했어요. 그제야 일론은 가슴을 쓸어내렸어요.

1년 후인 2007년 3월 21일, 스페이스엑스는 팰컨 1호를

---

* 러시아와 미국을 비롯한 세계 각국이 참여해 1998년부터 만들어졌어요. 우주 관측과 실험을 위한 연구 시설을 갖춘 다국적 유인 인공위성이라 할 수 있지요.

다시 발사대에 올렸어요. 팰컨 1호는 아무 이상 없이 하늘로 날아올랐어요. 발사 2분 후, 엔지니어들은 시스템이 정상적으로 작동한다고 일론에게 보고했지요.

　팰컨 1호에 실린 카메라로 드넓은 우주에서 지구가 작아지는 광경을 볼 수 있었지요.

　"우아! 성공이다!"

엔지니어들은 서로 얼싸안으며 로켓이 궤도에 진입하리라 확신했어요.

그런데 7분 후, 로켓이 마구 흔들리는가 싶더니 부서지기 시작했어요. 남은 연료로 인해 엔진에 불이 붙었기 때문이었어요. 팰컨 1호는 300킬로미터까지 비행하는 데는 성공했지만 목표한 궤도에 도달하는 데는 실패하고 말았지요.

보통 로켓은 3단으로 구성되어 있어요. 3단에는 인공위성이나 우주 비행체가 실려 있는데 높은 압력과 열로부터 보호하기 위해 페어링이라는 덮개로 덮여 있어요.

로켓은 초음속으로 대기권을 빠져나가기 위해 1단 엔진의 힘으로 날았다가 1단 연료를 다 쓰면 분리되어 다시 2단 엔진의 힘으로 속도를 높여요. 2단 연료를 다 쓰면 분리되어 마지막 3단 엔진의 힘으로 날아가게 되지요. 그리고 페어링이 분리되어 인공위성이나 우주 비행체가 우주 공간으로 나가면 로켓의 임무는 끝나는 거예요.

엔지니어들은 충격에 휩싸였어요.

"이제 어떡하지? 일정보다 4년이나 늦었잖아."

"머스크 씨의 재산이 샘물처럼 솟아나는 것도 아니고 한두 차례 발사하면 바닥이 날 텐데……."

일론도 그 사실을 잘 알고 있었어요. 하지만 일론은 직원들에게 자금 문제에 대한 걱정을 내비치지 않았어요.

"여러분, 오늘은 완벽한 하루는 아니었지만 훌륭한 하루였습니다."

일론은 직원들의 사기를 북돋아 주었어요.

며칠 후, 영화배우 로버트 다우니 주니어가 일론을 찾아왔어요.

"머스크 씨, 저는 지금 아이언 맨이라는 영화를 준비하고 있어요. 만화를 그린 원작자는 하워드 휴스*를 모델로 했지만 그분은 오래전에 죽었어요. 전 하워드 휴스의 삶을 상상하기보다는 살아 있는 인물을 경험하고 영화를 준비하고 싶습니다. 그래서 그와 비슷한 삶을 살고 있는 머스크 씨를 찾아왔습니다."

일론은 로버트 다우니 주니어에게 스페이스엑스 공장

---

* 미국의 투자가, 비행사, 공학자, 영화 제작자로 유명해요. 백만장자이고 천재적인 재능을 가졌으나 사고로 인한 후유증과 정신 이상으로 불행한 죽음을 맞이한 인물이에요.

을 구경시켜 주었어요. 그리고 많은 이야기를 나누었지요.

"제가 맡은 주인공처럼 당신도 자신의 아이디어를 실현하기 위해 한순간도 낭비하지 않는 사람이군요."

그 후, 로버트 다우니 주니어는 영화 시사회장에 일론을 초대했어요. 그리고 사람들에게 일론을 소개했지요.

"여기 머스크 씨가 바로 아이언 맨의 주인공인 토니 스타크라는 인물을 설정하는 데 많은 영감을 주었습니다."

사람들은 아이언 맨과 일론을 비교하기 시작했고 일론은 자신이 더 유명해진 것을 즐겁게 받아들였어요.

어려움을 극복할 능력은 내 안에 있다

2006년 어느 날, 일론의 사촌 동생 린던 리브가 일론을 찾아왔어요.

"형, 형이 예전에 말한 태양광 발전 사업에 대해 조사해 봤어."

"그래? 어떤 것 같아?"

"태양광을 이용해 전기를 얻고 태양광 패널*을 설치하고 관리해 주는 것은 참 괜찮은 사업 같아."

---

* 여러 개의 태양 전지들이 붙어 있는 장치로 태양광 에너지를 이용해 전기를 만들어 낼 수 있어요.

"그렇지? 태양이 1시간 동안 지구 표면에 닿는 에너지 양은 사람들이 1년 동안 만들어 내는 에너지 양과 비슷하거든. 그렇게 무궁무진한 에너지를 이용하는 것은 꼭 필요한 일이야."

"맞아, 돈도 벌고 환경 오염도 줄이는 일이니까 일석이조가 아닐까?"

"그럼 한번 해 봐."

"그런데 자금이……."

"린던, 그건 걱정 마. 내가 자금을 제공하고 더 필요하다면 투자가들을 소개해 줄 테니까."

7월 4일, 일론과 린던 리브는 솔라 시티(Solar City)라는 회사를 세웠어요. 일론은 솔라 시티를 미래의 투자처로 생각하고 솔라 시티 주식의 3분의 1을 소유하면서 최대 주주이자 회장이 되었지요.

솔라 시티는 미국 주택의 지붕을 태양광 패널로 바꾸기 시작했어요. 가정에 무료로 태양광 발전 시스템을 설치해 주고 전기를 만들어 쓸 수 있게 하면서 전기 요금을 받는 것이었지요. 그래서 솔라 시티는 '발전소 없는 발전 회사'

라는 친환경 기업의 이미지를 굳혀 갔어요. 하지만 모든 일이 일론이 원하는 대로 쉽게 풀리지는 않았어요.

테슬라 모터스의 엔지니어들은 주문받은 로드스터를 생산하기 위해 안간힘을 썼어요. 하지만 쉽게 성과를 보이지는 못했지요.

"로드스터 생산 비용을 줄일 수가 없습니다. 9만 달러를 받고 계약했지만 지금 로드스터를 만드는 데는 아무리 줄여도 17만 달러가 들어갑니다. 자동차를 만들어 팔수록 엄청난 손해입니다."

"뿐만 아니라 이따금씩 배터리나 엔진, 변속기에서도 문제가 생기곤 했습니다. 아무래도 처음부터 다시 개발해야 할 것 같습니다."

일론은 조금 늦더라도 안전한 로드스터를 원했어요. 결국 테슬라 모터스는 제 날짜에 구매자들에게 로드스터를 보내지 못했지요. 그러자 먼저 돈을 지불했던 구매자들이 테슬라 모터스와 일론을 비난하기 시작했어요.

2007년 8월, 테슬라 모터스 이사회는 마틴 에버하드를 최고 경영자 자리에서 물러나게 했어요. 그러자 마틴 에버하드는 화를 참지 못하고 회사를 떠나고 말았지요. 게다가 이사회는 회사를 일반 자동차 회사에 팔려고 했어요.

"내가 이 사업에 투자한 까닭은 회사를 비싼 값에 팔아 돈을 벌려고 한 것이 아닙니다. 전기 자동차를 일반 사람들이 탈 수 있게 하는 것이란 말입니다."

일론의 거센 반대에 부딪혀 이사회는 테슬라 모터스를 팔 수 없었어요.

일론은 엔지니어들에게 어떻게든 로드스터의 생산 비용을 줄이도록 요구했어요. 엔지니어들은 집에도 가지 못하고 일에 매달렸지요.

"머스크 씨, 가끔은 좀 쉬기도 하고 가족의 얼굴도 보고 싶습니다."

"그렇습니까? 우리가 파산하고 나면 가족을 원 없이 볼 수 있을 것입니다."

일론의 말에 직원들은 아무 대꾸도 하지 못했지요.

어느 날, 한 엔지니어가 자녀의 생일로 인해 회사에 나오지 못했어요.

'이렇게 중요하고 바쁜 순간에 회사를 빠지다니……. 그냥 넘어가면 다른 사람들도 집에 일이 있을 때 회사를 빠지고 싶을 거야. 그런 정신으로는 이 위기를 벗어날 수 없어. 최고의 것을 만들기 위해서는 내가 엄격해져야 해.'

일론은 그 엔지니어에게 메일을 보냈지요.

"무엇이 우선인지 모르는 당신의 행동에 실망했습니다."

우리는 지금 세상을 바꾸고 역사를 새로 쓰고 있습니다. 지금은 죽기 살기로 온 힘을 기울여야 할 때란 말입니다."

직원들은 일론의 뜻에 반대할 수 없었어요. 그것은 곧 회사를 떠나야 한다는 것이기 때문이었지요.

일론은 직원들이 어정쩡하게 일하는 태도가 못마땅했어요. 그리고 마음에 들지 않은 직원들에게 소리를 지르며 질책하곤 했지요.

"정말 괴짜에다 냉정해!"

"맞아, 머스크 씨는 어떻게 보면 감정이 없는 것 같아."

일론은 자신의 꿈을 이루기 위해서 직원들을 강하게 밀어붙였어요. 한시가 급했거든요. 하지만 직원들을 끊임없이 재촉하자 많은 직원들은 일론을 싫어했지요.

2008년 3월, 로드스터를 양산*하기 시작했어요. 하지만 9월이 되어도 완성된 것은 27대에 불과했어요.

'이젠 예약자들이 취소해도 할 말이 없겠군. 엄청난 개발비를 들였으니 판매되지 않으면 회사는 문을 닫아야 하

---

* 조립 라인을 갖춘 공장을 크게 짓고 대량으로 제품을 생산하는 것을 말해요. 그래야 많은 사람이 더 싼 가격에 자동차를 살 수 있게 되지요.

는데…….'

언론은 테슬라 모터스를 비난했고 회사에 돈이 얼마 남지 않아 망할지 모른다는 나쁜 소문이 퍼지기 시작했어요.

"테슬라 모터스가 빚을 못 갚으면 내 개인 재산으로 모두 갚을 테니 돈이 부족하다는 소리는 그만하시오."

일론은 개인 재산으로 모든 것을 책임지겠다고 했어요. 그러자 사람들은 더 이상 테슬라 모터스에 대해 이러쿵저러쿵 이야기하지 못했지요.

'스페이스엑스와 테슬라 모터스에 2억 달러를 쏟아부었는데도 세상에 내놓을 만한 성과가 없다니……. 남은 돈으로는 올해 말까지만 겨우 버틸 수 있는데…….'

일론은 몹시 걱정되었어요. 게다가 아내 저스틴과 이혼하는 힘든 일도 겪게 되었지요.

'왜 이렇게 안 좋은 일들이 계속 생기는 거지?'

일론은 답답하기만 했어요.

2008년 8월 2일, 스페이스엑스는 새로운 엔진을 장착한 팰컨 1호를 발사했어요. 그런데 1단과 2단 로켓이 분리되는 과정에서 사고가 났어요. 1단 로켓에 남아 있던 연료에 불이 붙으면서 2단 로켓과 충돌한 것이었어요.

스페이스엑스의 제어실 여기저기 직원들의 우는 소리가 들렸어요.

"자, 우리는 해낼 겁니다. 할 수 있어요."

일론이 직원들을 격려했어요.

"이번 문제는 금방 해결할 수 있습니다. 곧바로 4차, 5차 발사를 할 예정입니다. 그리고 팰컨 9호의 개발도 계속 진행할 것입니다."

일론은 언론을 통해서도 별문제가 없다고 했어요. 하지만 일론의 마음은 어두웠지요. 스페이스엑스에 투자할 자금이 더이상 없기 때문이었어요.

2008년 9월 28일, 스페이스엑스는 팰컨 1호의 4자 발사를 시도했어요.

'이번 발사는 어떻게든 성공해야 해. 5차 발사를 할 수 있는 자금이 없으니까……'

일론에게 4차 발사는 어쩌면 마지막이 될 수도 있는 것이었어요.

팰컨 1호가 하늘로 치솟은 뒤 1단 로켓이 떨어져 나가고

2단 로켓이 90초 동안 불을 뿜으며 궤도를 향해 올라갔지요. 페어링도 성공적으로 분리되고 약 9분이 지나자 팰컨 1호에 실린 인공위성은 계획대로 궤도에 도달했지요.

"우아!"

제어실에서 그 모습을 보던 직원들은 환호하며 뜨거운 감정에 복받쳐 눈물을 흘렸어요. 일론도 소름 끼칠 만큼 짜릿함을 느꼈지요.

"여러분, 이러한 업적을 달성한 나라는 지구에 몇 안 됩니다. 더구나 이러한 일을 이룬 민간 기업은 없었습니다. 하지만 우리가 그것을 해냈습니다. 오늘은 내 평생 가장 위대한 날입니다. 여러분도 그러리라 생각합니다."

일론은 환하게 웃으며 직원들에게 감사의 말을 전했어요. 하지만 속으로는 걱정이 태산 같았지요. 자금 문제가 해결되지 않았기 때문이에요.

'지금까지 어느 것 하나 목표를 이룬 것이 없어. 어쩌면 2008년을 넘기지 못하고 빈털터리가 될 수도 있어. 하지만 미래에 꼭 필요한 기술을 만들려면 이까짓 시련은 넘어서야 해. 난 어려움을 이겨 낼 능력이 있으니까.'

일론은 스스로에게 자신감을 불어넣었어요.

2008년 12월 23일, 스페이스엑스는 놀라운 소식을 들었어요. 미국 항공 우주국에서 스페이스엑스가 국제 우주 정거장에 물자를 보급하는 조건으로 16억 달러 투자를 제안한 것이지요.

'파산 직전이었는데 죽으라는 법은 없군. 정말 최악의 한 해였어.'

일론은 그제야 안도의 한숨을 내쉬었어요.

꿈을 현실로 만들어라

테슬라 모터스는 2009년이 되어서야 로드스터를 정상적으로 양산하기 시작했어요. 그동안 1달에 1~2대 정도만 겨우 만들었는데 이제 1달에 100여 대를 만들 수 있게 된 것이지요.

사람들은 1회 충전하면 390킬로미터를 갈 수 있고 시동을 건 지 3.7초 만에 시속 100킬로미터까지 낼 수 있으며 최고 시속이 200킬로미터나 되는 로드스터를 보고 감탄했어요.

"정말 놀라운데! 전기 자동차가 현실이 되었잖아."

"그러게, 앞으로 전기 자동차가 대세가 될 수 있겠어."

사람들의 호평이 이어지자 테슬라 모터스에 좋은 일이 생기기 시작했어요. 메르세데스 벤츠를 생산하는 독일의 다임러, 미국 정부, 일본의 자동차 회사인 도요타 등에서 많은 투자를 하겠다고 나선 것이었지요.

"2년 후에는 2인승 스포츠카가 아닌 4인승 고급 세단인 모델S를 보여 드리겠습니다. 모델S는 로드스터보다 훨씬 저렴한 5만 8천 달러에 팔겠습니다."

일론은 자신 있게 말하며 자신의 계획을 하나하나 진행시켰어요.

먼저 전기 자동차를 많이 만들기 위해서는 자동화 시설을 갖춘 커다란 공장과 돈이 필요했어요. 2010년에 캘리포니아에 있는 도요타 공장을 샀지요. 그리고 테슬라 모터스를 주식회사로 바꾸어 주식 시장에 상장했어요.

"테슬라는 밑 빠진 독이야. 2003년 출범한 후 지금까지 이익을 낸 적이 없어. 투자하게 되면 손해를 볼 거야."

많은 사람들이 부정적으로 말했어요. 하지만 테슬라 모터스는 금세 주가가 올라 전기 자동차를 만들 수 있는 많은 자금을 마련할 수 있게 되었지요.

 2012년 6월, 테슬라 모터스는 계획대로 모델S를 출시했어요. 언론에 나서기 좋아하는 일론이 직접 설명했지요.

 "모델S는 1회 충전으로 480킬로미터 이상 달릴 수 있습니다. 또 시동 건 지 4.2초 만에 시속 100킬로미터에 도달하는 최고급 순수 전기 자동차입니다. 전통적인 자동차와 하이브리드 자동차에는 움직이는 부품이 수천 개나 됩니다. 엔진은 피스톤을 사용해 규칙적으로 폭발해야 하고, 그러기 위해 크랭크축, 교류 발전기, 팬, 배전기, 밸브, 코일 등 많은 부품이 필요하기 때문입니다. 하지만 모델S는 움직이는 부품이 10개 정도만 있으면 됩니다. 배터리 팩은 에너지를 수박만 한 모터로 즉시 보내 바퀴를 움직이기 때문입니다."

 일론의 말에 사람들은 고개를 끄덕였어요. 그리고 모델S를 구경하다가 자동차의 앞쪽 덮개인 보닛을 열어 보고 깜짝 놀랐어요.

 "어? 일반적인 자동차는 앞에 엔진이 있는데 이 자동차는 트렁크가 텅 비어 있잖아?"

"그곳은 트렁크가 아니라 앞에 있기 때문에 프렁크라고 부르는 공간입니다. 프렁크 덕분에 다른 자동차보다 많은 짐을 실을 수 있지요."

일론이 설명했어요.

"그럼 엔진은 어디 있나요?"

"뒷바퀴 사이에 수박만 한 전기 모터가 있고 자동차 바

닥에 전기 배터리 팩이 장착되어 있어 무게 중심을 잡아 주지요. 운전할 때 차량 소음도 나지 않습니다."

일론의 설명은 계속 이어졌어요.

"문을 보세요. 가볍게 건드리면 문 손잡이가 부드럽게 튀어나옵니다. 운전자가 문을 열고 좌석에 앉으면 손잡이는 다시 차체로 숨지요. 그리고 시동을 걸기 위해 열쇠를

돌리거나 버튼을 누를 필요도 없습니다. 좌석이 운전자의 체중을 감지하면 저절로 전원이 들어오지요."

일론은 직접 시범을 보이며 끊임없이 모델S를 자랑했어요.

"모델S에는 자동차의 모든 시스템을 제어할 수 있는 17인치 터치스크린이 장착되어 있습니다. 그래서 자동차를 고치러 수리점에 갈 필요도 없고 새로운 신형을 살 필요도 없습니다. 새로운 기능이 추가되면 휴대 전화처럼 자동으로 업그레이드*하기 때문입니다. 업그레이드 될 때마다 기분 좋은 선물이 되겠죠. 또 차체를 경량 알루미늄으로 만들어 미국 고속도로 안전국의 충돌 시험에서 최고 점수를 받았지요."

일론의 말에 사람들은 더욱 놀라워했어요.

"정말 대단하고 획기적인데? 모든 것이 고급 자동차보다 뛰어나잖아?"

"맞아, 게다가 고급 자동차보다 가격도 저렴하고……."

---

* 하드웨어나 소프트웨어의 성능을 기존 제품보다 뛰어난 새것으로 변경하는 것을 말해요.

사람들은 모델S에 반하고 말았어요. 순식간에 많은 사람들이 주문했지요. 하지만 모델S가 완벽하지는 않았어요.

"자동차가 고장 났어요. 손잡이가 제대로 작동하지 않아요."

테슬라 모터스의 엔지니어들은 소비자가 고장 신고를 하면 소비자가 잠든 사이에 인터넷으로 자동차 시스템에 접속해 소프트웨어를 고쳤어요. 그러면 다음 날 아침 소비자는 멀쩡히 수리된 자동차를 운전할 수 있었지요.

"수리점에 가지 않고 자동차를 고치다니. 정말 누군가 마술이라도 부린 것 같은데?"

사람들은 테슬라 모터스의 서비스에 아주 만족해했어요. 모델S에 대한 찬사가 끊임없이 쏟아졌지요.

9월 일론은 미국 전역에 전기 자동차 충전소를 만들기로 했어요.

"테슬라의 전기 자동차를 사용하는 운전자가 언제든지 무료로 충전할 수 있는 곳을 전국적으로 만들겠습니다. 그러면 평생 연료비를 한 푼도 들이지 않고 전기 자동차를 사용할 수 있게 될 것입니다."

연말에는 모델S가 2012년도 '올해의 자동차'에 선정되었어요.

"모델S는 바퀴 달린 컴퓨터입니다. 교통수단에 대한 모든 상식을 바꾸어 버렸습니다. 게다가 경주용 자동차처럼 달리고 부드럽게 움직이며 짐을 실을 공간이 넉넉한 데다 에너지 효율이 높습니다. 지금까지 생산된 자동차 중 최고이며 앞으로 전기 자동차의 대중화를 이끌 것입니다."

시상자가 말했어요. 하지만 일론은 그것에 만족하지 않았어요. 더 저렴하고 좋은 전기 자동차를 만드는 꿈을 가지고 있었기 때문이지요.

도전하고 또 도전하라

한편 팰컨 1호의 성공 이후 스페이스엑스는 로켓 개발에 더 힘을 얻게 되었어요. 2010년 6월 4일, 팰컨 9호를 발사했어요. 팰컨 9호는 길이 54미터로 팰컨 1호 길이의 2배나 되고, 폭 3.7미터, 무게가 330톤으로 팰컨 1호의 8배나 무거운 로켓이었지요. 중앙의 엔진 1개를 8개의 엔진이 팔각형으로 둘러쌌어요. 9개의 엔진이 달려 있어서 팰컨 9호라는 이름이 붙었지요.

팰컨 9호는 우주에서 물건이나 사람을 운반하는 데 필요한 우주 비행체 드래곤을 싣고 시속 2만 9천 킬로미터에

이르는 속도로 날아오르며 첫 번째 발사에 가뿐히 성공했어요. 발사 후 9분 30초 만에 드래곤 모형을 무난히 우주에 올려 보냈지요.

6개월 후인 2010년 12월 8일, 팰컨 9호는 드래곤을 싣고 시험 비행을 시작했어요. 직경 약 4미터의 원추형 드래곤에는 국제 우주 정거장에서 사용할 실험 도구와 식량 등 약 500킬로그램의 화물이 실려 있었지요.

드래곤은 정상적으로 지구 궤도에 진입했어요. 하지만 그게 끝이 아니었어요. 궤도를 돌던 드래곤 엔진에서 불을 뿜기 시작했어요. 궤도를 벗어나려는 것이었지요. 드래곤은 지구 궤도를 두 시간 정도 돌다가 1천 도가 넘는 높은 온도를 견디며 지구 대기권으로 다시 들어왔어요. 태평양 위에서 낙하산을 펼쳤지요.

"우아!"

그 모습을 지켜보던 사람들은 커다란 함성을 질렀어요.

'이제 시험 비행이 성공했으니 실제로 국제 우주 정거장에 물건을 보내는 일만 남았군.'

일론은 마지막 작업을 위해 더욱더 박차를 가했어요.

2012년 5월, 팰컨 9호는 실제로 국제 우주 정거장에 음식과 컴퓨터, 실험 도구 등 520킬로그램의 화물을 전달하기 위해 발사되었어요.

발사는 순조롭게 이루어졌고 팰컨 9호는 강력한 추진력으로 드래곤을 밀어냈어요. 드래곤의 양쪽에서 태양 전지판이 펼쳐졌고 18개의 작은 엔진의 힘을 받아 국제 우주 정거장으로 향했지요.

3일 후, 드래곤은 국제 우주 정거장에 접근했어요. 국제 우주 정거장에 있던 우주 비행사 돈 페티트가 길이 18미터 길이의 로봇 팔로 드래곤을 잡았지요.

"휴스턴 나와라. 여기는 국제 우주 정거장이다. 이제야 용 꼬리를 잡은 것 같다."

2시간 후, 드래곤이 국제 우주 정거장과 도킹*에 성공하자 스페이스엑스의 직원들이 환호를 질렀어요. 그리고 드래곤은 국제 우주 정거장에서 660킬로그램의 화물을 싣고 다시 지구로 돌아왔지요.

"그동안 국제 우주 정거장과 도킹한 국가는 유럽, 러시

---

* 인공위성, 우주선 따위가 우주 공간에서 서로 결합하는 것이에요.

아, 미국, 일본뿐입니다. 그런데 민간 회사인 스페이스엑스가 그 일을 해냈습니다. 완벽한 성공입니다."

스페이스엑스의 엔지니어들이 들뜬 목소리로 말했어요. 하지만 일론의 생각은 달랐지요.

'아니야, 아직 완벽하지 않아.'

이번 비행에는 아무도 탑승하지 않았지만 드래곤에는 비행사를 포함한 7명이 탑승할 공간이 있었거든요.

'사람이 탈 수 있는 우주 비행이 되어야 해! 그래야 인류를 화성에 보낼 수 있어.'

스페이스엑스는 기존 로켓 개발 비용의 3분의 1 정도로 모든 일을 해냈어요. 그래도 일론은 만족하지 못했지요.

'사실 지금 사용하고 있는 비용 중 로켓의 몸체가 차지하는 게 대부분이야. 지금의 1단 로켓은 발사한 뒤 바다나 땅에 떨어져 고철이 되는 1회용인데 말이지. 1단 로켓을 재사용할 수 있다면 지금보다 비용을 훨씬 줄일 수 있을 텐데……. 아니, 로켓이 출발했던 곳으로 되돌아온다면 얼마나 좋을까? 그래야 로켓이 화성에 가더라도 다시 돌아올

수 있잖아?'

비용을 줄이고 화성을 오갈 수 있게 하기 위한 일론의 생각은 멈추지 않았어요. 일론은 1단 로켓에 강철로 만든 4개의 다리를 달아 발사 후 다시 착륙할 수 있도록 하는 메뚜기 프로젝트(Grasshopper Project)를 시작했지요.

일론은 1단 로켓을 재사용하기 위해 팰컨 9호를 발사할 때마다 실험했어요. 하지만 쉽지 않았지요. 너무 빨리 떨어져 충격을 받거나 균형을 잡지 못해 넘어지고 말았어요.

"실패했다고 실망할 필요는 없습니다. 도전해 보는 것이 중요합니다. 그만큼 노력하고 있기 때문이지요. 여러분은 반드시 성공할 수 있습니다. 여러분이 가지고 있는 그릇은 여러분이 알고 있는 것보다 훨씬 더 큽니다. 무조건 시도하십시오. 그것만이 성공의 비결입니다."

일론은 스페이스엑스 엔지니어들을 격려했어요. 엔지니어들도 힘을 얻고 포기하지 않았지요.

"머스크 씨, 이제 로켓 발사도 성공적으로 이루어지고 있으니 테슬라처럼 스페이스엑스도 주식을 상장하는 것이 어떻겠습니까?"

"맞습니다. 주가가 오르면 그만큼 자금이 많아질 테고 직원들의 사기도 오를 것입니다."

스페이스엑스의 이사진들이 일론에게 건의했어요. 많은 직원들도 원하는 일이었지만 일론은 고개를 저었어요.

"아직은 아닙니다. 인류가 화성에서 생활하는 데 필요한 기술을 개발하는 것이 스페이스엑스의 흔들리지 않는 근본 목표입니다. 그러니 그 계획이 어느 정도 이루어지기 전까지는 주식을 상장할 수 없습니다."

일론의 고집을 꺾을 사람은 아무도 없었지요.

2016년 4월, 스페이스엑스는 드디어 팰컨 9호를 발사했어요. 그런데 일론과 스페이스엑스의 관심은 드래곤을 회수하는 것보다 1단 로켓에 더 쏠렸어요.

발사 2분 30초 뒤 2단 로켓과 분리된 1단 로켓은 회전하며 엔진을 재점화했어요. 그리고 하늘로 올라가는 자세로 바꾸었지요. 이어서 날개를 펴고 속도를 줄이며 떨어지기 시작했어요.

발사 8분 뒤에는 다리를 펴고 발사장에서 약 300킬로미터 떨어진 대서양의 축구장 크기만 한 무인선 위에 착륙

했지요. 스페이스엑스 제어실에서 박수가 터져 나왔어요.

1단 로켓이 착륙한 무인선 위에는 '물론, 나는 당신을 여전히 사랑한다(Of course, I still Love You)'라는 문구가 쓰여 있었어요. 발사된 로켓도 여전히 쓸모가 있다는 일론의 생각이 담긴 글이었지요.

'이제 1단 로켓을 정비한 후 다시 날 수 있게 한다면 더 적은 비용으로 우주 여행을 할 수 있어.'

일론은 언젠가 화성에 도착한 후 타고 간 우주선으로 지구에 되돌아올 수 있을 거라는 확신을 갖게 되었어요.

눈앞의 이익보다 멀리 내다보라

어느 날, 솔라 시티를 맡고 있는 린던 리브가 일론을 찾아왔어요.

"형, 솔라 시티를 운영하는 데 계속 돈이 들어가기만 해서 적자예요. 이득이 나려면 꽤 오래 걸릴 텐데 어떡하죠?"

"그래, 나도 솔라 시티를 테슬라에 합병하고 싶지만 주주들이 반대할 게 뻔하니 그럴 수도 없고……."

일론도 이해한다는 듯 말을 이었어요.

"힘들겠지만 테슬라나 솔라 시티는 사업성이 비슷하니까 합병보다는 협력하는 방법을 찾아보자."

2014년 테슬라 모터스는 솔라 시티와 협력 관계를 맺었어요.

"사실 테슬라도 머스크 씨 회사고, 솔라 시티도 머스크 씨 회사잖아?"

"그러게. 자기 회사끼리 협력한다는 게 이상하지?"

"하지만 전기 자동차에는 배터리가 필요하고 배터리에는 전기가 필요하니까 잘된 일 아닌가?"

"대체 머스크 씨는 무슨 생각을 하는 걸까?"

사람들은 이러쿵저러쿵 말이 많았어요. 하지만 두 회사의 협력은 구체적으로 시작되었지요.

테슬라 모터스는 전국에 전기 자동차 충전소가 필요했어요. 그래서 솔라 시티가 태양 전지판을 이용한 전기 자

동차 충전소를 만들기로 했지요. 즉 전기 자동차 충전소가 늘수록 솔라 시티의 매출도 늘어나는 것이에요.

반대로 솔라 시티는 테슬라 모터스에서 만든 배터리 팩을 팔기로 했어요. 솔라 시티에서 각 가정에 무료로 설치한 태양광 발전

시스템으로 생산한 전기를 테슬라 모터스에서 만든 파워월(Powerwall)이라는 배터리에 저장할 수 있게 만든 것이지요. 즉, 솔라 시티의 태양광 발전 시스템이 많이 만들어질수록 테슬라 모터스의 배터리팩이 많이 팔리게 되는 것이에요.

'앞으로 태양광 발전이 기존 화석 연료를 대체하려면 태양 전지판을 더 많이 만들어야 해!'

2014년 6월, 솔라 시티는 미국 최대의 태양 전지 제조회사인 실레보(Silevo)를 인수해 태양 전지판을 직접 만들어 공급하기 시작했어요. 결국 솔라 시티는 미국 최대의 주택용 태양광 발전 업체가 되었지요. 게다가 개인뿐만 아니라 국방부를 포함한 정부 기관과 이베이, 인텔 등의 대기업들도 고객이 되었어요.

그즈음 일론은 중대한 발표를 했어요.

"테슬라 모터스가 갖고 있는 전기 자동차에 관련된 지적재산권 즉, 특허권*을 모두 무료로 공개하겠습니다. 그

---

* 새로 발명한 것에 대해 여러 권리를 독점할 수 있는 소유권을 말해요. 특허권은 다른 사람에게 팔 수 있고 상속할 수 있어요. 다른 사람의 특허를 사용하기 위해서는 사용료를 내야 하지요.

리고 그에 따른 어떤 소송도 걸지 않겠습니다. 이제 테슬라 모터스의 모든 특허는 여러분의 것입니다."

일론의 발표에 사람들의 생각은 제각각이었어요.

"세계 1위 전기 자동차 회사가 특허권을 공개하겠다는 것은 회사를 포기하겠다는 거 아니야?"

"그러게, 특허권을 공개하면 테슬라의 기술을 이용한 전기 자동차 회사가 많이 생겨날 텐데……. 정말 엉뚱한 사람이야."

"게다가 테슬라의 특허 기술을 만든 것은 일론 머스크가 아니잖아?"

"그래도 일론 머스크가 상상했던 것보다 훨씬 멀리 테슬라를 이끌어 나간 것은 사실이잖아."

일론은 특허 공개에 의심을 갖는 사람들에게 자신 있게 말했어요.

"저는 전기 자동차를 많이 팔아 돈을 벌겠다는 생각을 한 적이 없습니다. 그리고 저의 경쟁 상대는 전기 자동차 회사가 아닙니다. 화석 연료로 움직이는 기존의 자동차 회사입니다. 전기 자동차는 아직 전체 자동차 시장의 1퍼센

트밖에 되지 않아 성장 속도가 느립니다. 제가 특허권을 공개하면 더 많은 회사가 전기 자동차를 만들어 전기 자동차 기술과 시장이 빠른 속도로 성장하게 될 것입니다."

일론은 어떻게든 전기 자동차가 대중적으로 많이 보급되기를 원했던 것이지요.

한편 테슬라 모터스에서 2014년에 출시되기로 한 모델X의 양산이 늦어지자 사람들은 또 다시 일론의 말에 속은 것은 아닌지 의심했지요.

"머스크 씨, 요즘에 공장에서 많이 주무신다고 하는데 혹시 모델X에 문제가 생긴 것은 아닙니까?"

기자가 물었어요.

"아닙니다. 저는 제 책상을 보통 공장 안에 둡니다. 그리고 그때그때 가장 중요한 곳으로 책상을 옮기지요. 지금 제 책상은 모델X 생산 라인 끝에 있습니다. 그것은 조만간 모델X를 만날 수 있다는 뜻입니다."

일론은 자신 있게 대답했지요.

2015년 9월, 테슬라 모터스는 모델X를 선보였어요. 모델X는 7인승에 갈매기 날개 모양의 팰컨 윙 도어를 탑재하여 쉽게 타고 내릴 수 있게 했을 뿐만 아니라 유모차도 편하게 실을 수 있게 설계되었지요.

다음 해 3월, 테슬라 모터스는 모델3의 시제품을 선보였어요. 5인승에 1회 충전하면 345킬로미터를 달릴 수 있으며 3만 5천 달러로 가격까지 저렴했지요. 다만 2017년도가 되어서야 차를 받을 수 있다는 문제가 남았어요. 그런데도 이틀 만에 25만 대나 예약되었지요.

"머스크 씨, 어떻게 저렴한 가격에 전기 자동차를 만들 수 있는 거죠?"

"지금 테슬라 모터스의 기술은 최고입니다. 게다가 공장 자동화로 인해 생산비가 절감되었고 지금 네바다 주 스팍스에 짓고 있는 세계 최대의 배터리 공장인 기가팩토리가 완성되면 더 싼 가격에 배터리가 보급되기 때문입니다."

"주문량이 어마어마한데 정말로 2017년에 차를 받을 수 있는 것입니까?"

"아기가 태어나는 데 9개월이 걸립니다. 9개월간 자동차 하나를 만드는 것은 어렵지 않아요."

일론은 여느 때처럼 자신감을 드러냈어요. 그리고 테슬

라 모터스와 솔라 시티를 보며 다시금 자신의 꿈을 곱씹었어요.

'지구뿐만 아니라 화성에서도 쓸 수 있는 유일한 에너지는 태양광이야. 그리고 그 에너지를 저장할 수 있는 배터리가 이제 완성된 거야.'

일론은 화성에 인류를 보내고 싶다는 자신의 꿈을 이루기 위해 테슬라 모터스에서는 태양광 충전 배터리를 만들고, 솔라 시티에서는 태양광 발전 시스템을 만들고 있는 것이지요.

미래는 상상하고 이루어 가는 것이다

 2013년 일론은 캘리포니아 주에서 계획하고 있는 고속 열차에 대한 기사를 봤어요. 로스앤젤레스에서 샌프란시스코까지 610킬로미터 거리를 2시간 30분 만에 갈 수 있게 된다는 기사였지요.
 일론은 한 모임에서 그 신문 기사에 대한 이야기를 꺼냈어요.
 "그게 고속 열차라고요? 600억 달러를 들여 만드니 건설 비용은 최고겠지요. 하지만 속도는 세계 최저입니다. 비행기로 가도 1시간밖에 안 걸리는데 이런 고속 열차를 왜 만들려고 하는지 모르겠습니다."

일론이 짜증난 듯 말하자 옆에 앉은 사람이 넌지시 물었어요.

"그럼 생각하고 있는 더 빠른 교통수단이 있나요?"

"그럼요. 기차는 우선 길고 무거워요. 대신 드래곤처럼 적은 수의 사람이 탈 수 있는 이동체를 만드는 거지요. 그리고 이동체가 다닐 수 있는 진공 튜브를 만들면 공기 저항이 없으니 이동체가 빠른 속도로 움직일 수 있어요."

주위에 있던 사람들의 관심이 모두 일론에게 쏠렸어요. 일론은 흥분한 듯 자기 생각을 말했지요.

"진공 튜브 안에 자기장을 발생시키는 레일을 깔아 이동체를 공중에 띄우는 겁니다. 그러면 마찰이 없으니 속도는 더욱 빨라지지요. 시속 1천 2백 킬로미터를 낼 수 있다면 비행기보다 빠른 교통수단이 될 것입니다."

"그 정도 속력이면 로스앤젤레스에서 샌프란시스코까지 30분이면 충분히 갈 수 있겠군요. 그 교통수단의 이름은 뭡니까?"

"하이퍼루프입니다."

일론은 무작정 하이퍼루프(Hyperloop)라고 이름 지은 교통수단에 대한 생각을 말했어요. 일론의 말대로라면 우리나라의 경우 서울과 부산을 16분 만에 갈 수 있게 되는 것이지요.

일론의 이야기는 순식간에 언론을 통해 많은 사람들에게 알려지고 말았어요.

"억만장자가 상상 속에서나 가능한 것을 만들겠다고 큰소리치는군. 하지만 하이퍼루프가 성공할 거라는 생각은 무척 어리석은 거야."

"예전에 일론이 순수 전기 자동차를 만들고 우주 비행을 하겠다고 했을 때 모두 불가능하다고 여겼지만 지금은 해냈잖아? 이번에도 해낼 거야."

"일론 머스크가 새로운 교통수단을 우리에게 선물할 것 같아 기대되는데?"

사람들은 또다시 일론에 대해 이런저런 이야기를 했어요. 하지만 예전과 달리 일론에게 기대를 갖는 사람들이 더 많았지요.

'나를 믿는 사람들의 희망을 꺾을 수는 없어.'

일론은 2013년 말 하이퍼루프를 만들 목적으로 '하이퍼프 트랜스포테이션 테크놀로지(HTT, Hyperloop Transportation Technologies)' 회사를 세웠어요. 그리고 엔지니어들을 모아 시제품을 만들게 했지요.
　2016년 5월, 일론은 회사 이름을 하이퍼루프 원(Hyperloop One)으로 바꾸고 대중 앞에 섰어요.
　"여러분, 지난 2013년 제 머릿속의 흐릿한 아이디어가 실물로 만들어졌습니다. 이제는 상상이 아니라 실제로 존

재하는 것입니다. 이 하이퍼루프는 자동차, 기차, 선박, 비행기에 이은 제5의 교통수단이자 꿈의 교통수단이 될 것입니다."

 라스베이거스에 있는 사막에서 하이퍼루프의 첫 시험 주행이 이뤄졌어요. 시험 주행은 3킬로미터의 트랙에서 2초 동안 이뤄졌지만 이동체는 1.1초 동안 시속 187킬로미터의 속도를 냈고 시속 483킬로미터까지 최고 속도를 내기도 했어요.

"하이퍼루프를 움직이는 데 사용되는 에너지는 100퍼센트 태양광 발전에서 나오기 때문에 친환경 교통수단이 될 것입니다. 그리고 2019년까지 강철보다 10배 이상 강하지만 무게는 5배나 가벼운 비브라늄을 소재로 이동체 개발을 끝내고 2020년에는 최소한의 비용으로 승객을 태울 수 있도록 하겠습니다."

하지만 전문가들은 해결해야 할 문제가 아직 많이 남아 있다고 지적했어요.

"예상보다 건설 비용이 굉장히 많이 들어갈 거야."

"이동체가 초음속으로 이동하면 충격파가 생겨 사고 위험성이 높아. 기술적 한계에 부딪힐지 몰라."

"진공에 가까운 튜브 안에서 사람이 폐쇄 공포증이나 호흡 곤란을 일으킬 수도 있어."

"역이 아닌 곳에서 멈추면 어떡하지? 전체 튜브를 철거해야 하는 건가?"

"하이퍼루프가 불가능한 것은 아니지만 실제로 사용하기는 힘들 거 같아."

일론은 다른 사람들의 의견을 귀담아들었어요.

'나도 해결해야 할 문제가 많다는 것은 알고 있어. 하지만 문제점들을 해결해서 현실로 보여 주겠어. 우리의 미래는 주어지는 것이 아니라 우리가 상상하고 만들어 가는 것이니까.'

일론은 스스로에게 다짐했어요. 그리고 또 다른 희망을 가졌어요.

'지구에서는 공기 저항이 문제가 되겠지만 화성에서는 그렇지 않을 거야. 이 하이퍼루프는 분명 전기 자동차와 함께 화성에서 중요한 교통수단이 될 거야.'

일론은 즐거운 상상을 하며 미소를 지었지요.

에필로그: 성공의 지름길은 없다

"지금까지 저는 운이 좋았다고 생각합니다. 그러므로 혹시 여러분 중에 사업에 실패했다고 해서 그것이 자신의 능력 부족이라고 좌절할 필요는 없습니다. 단지 운이 조금 없었을 뿐이니까요."

일론이 말을 마치자 강연을 듣고 있던 한 사람이 손을 들었어요.

"머스크 씨, 당신이 가진 목표는 보통 사람이 이루기에는 힘든 목표였습니다. 그런데 당신은 그런 목표를 세우고 도전하며 살고 있습니다. 어떻게 그럴 수 있습니까?"

일론이 웃으며 말문을 열었어요.

"저는 결코 실현 불가능한 목표를 세우지 않습니다. 실현 불가능한 목표는 의욕을 떨어뜨리기 때문이지요. 그래서 제가 가진 꿈이 실현 불가능하다고 생각해 본 적이 없습니다. 그것이 저를 지금의 자리까지 이끌어 온 원동력입니다."

이번에는 또 다른 사람이 물었어요.

"머스크 씨, 당신은 페이팔, 테슬라 모터스, 솔라 시티, 스페이스엑스, 하이퍼루프 원까지 그 많은 회사 일을 다 어떻게 한 것입니까? 일의 성격도 다르고 규모도 엄청난데

당신에게는 도대체 어떤 능력이 있는 겁니까?"

"글쎄요. 저는 잘 모르겠습니다. 마땅한 답이 없군요. 다만 저는 그저 많이 일합니다. 24시간 중 20시간을 일한 적도 많습니다. 지금까지 야근이라는 단어를 생각해 본 적이 없습니다. 저녁에도 계속 일했을 뿐입니다. 저는 진심으로 아주 많이 일합니다. 그것이 성공에 가까이 가는 지름길이니까요."

일론의 말에 많은 사람들이 고개를 끄덕였어요.

"화성으로 가려는 계획은 잘 진행되고 있습니까?"

일론은 환하게 웃으며 대답했어요.

"우선 10명 이내의 선발대가 화성에 가게 될 것입니다. 돔을 건설해 머물며 화성에서 농작물을 경작할 수 있도록 할 것입니다. 자급자족할 만한 환경을 만든 다음 8만 명을 화성으로 이주시킬 예정입니다. 그리고 나면 더 많은 사람들이 화성을 오갈 수 있게 될 것입니다."

일론은 잠시 말을 멈추고 주위를 한번 둘러보았어요.

"지금 제가 계획하고 있는 일들이 순조롭게 진행되길 바랍니다. 화성에 가서 태양광 발전을 하며 제가 만든 전기 자동차를 타고 인생의 마지막을 맞을 수 있다면 정말 기쁠 것입니다."

　사람들은 일론의 말이 끝나자 우레와 같은 박수를 쳤어요. 화성에 많은 사람들이 정착해 전기 자동차를 타는 그날까지 일론이 열심히 일해서 꿈을 이룰 것을 믿었기 때문이지요.